auto.didata
auto.sabida
auto.achada
muito.amada

Este diário-relicário
pertence a:

....

É um reconhecer da sua floresta particular, é sobre entrar de novo e de novo e familiarizar. Uma pesquisa em processo da sua natureza selvagem, das suas plantas e insetos, suas lobas e onças. Cada floresta é única, essa floresta é só sua. Esse diário é para contar e recontar suas experiências de magia, para nunca mais se esquecer. Para reler sempre que a dúvida chegar espreitando pela sombra. Quando a intuição parecer estar hibernando num inverno enorme, reler e re-acordar que não, ela está ainda aí, nas suas águas subterrâneas, no *Río Abajo Río*. Os caminhos por dentro da sua floresta são seus para revelar, desvelar, e realizar a magia que existe em cada cantinho de vida.

A magia de produzir arte com suas mãos. A bruxaria dos sonhos que nos despertam suadas na madrugada. A mística de se ter um ventre, com suas dores e seus prazeres, trazendo vida atrás de morte atrás de vida. O poder das ervas, dos cantos, das preces, do bem-dizer. O encanto das pedras e dos cristais, das conchas e dos corais, os pequenos amuletos que carregamos desde meninas. As experiências que nos trouxeram medo e as memórias que exalam esperança. As vivências de amor e de amizade naqueles encontros inesperados de almas-irmãs. Esse diário reconstrói sua linha do tempo de bruxarias - as conscientes e as inventadas - Reconta sua história e revela a mensagem escrita com tinta invisível na pele dos braços. Para compreender essa linguagem, tem que criar uma poção e ler através do espelho. Conjurar palavras mágicas e olhar seu reflexo num lago cristalino aguardando as imagens chegarem, as mensagens do além-mar. Estar atenta para ouvir o canto do pássaro chamando o Grande Encontro: um círculo de mulheres, jovens, mães, anciãs, todas você. Girar em roda com você mesma. Se acompanhar nesse passeio e nunca sentir-se só. Porque você sabe o caminho. A mata pode estar densa, um pouco escura, diferente da última vez, mais alta, mais misteriosa.

Mas o caminho se faz de olhos fechados, confiando. Este diário é para anotar as pistas, os aprendizados, as cenas lindas que se vê com o mais poderoso dos olhos, as loucuras sentidas à flor da pele, todas as magias vividas em comunhão com o seu bosque particular. Você já é a bruxa que aprende por si só.

A u t o d i d a t a

Você é aquela que vê lições em todo lugar, e trata de fazer seu dever de casa. São mestres: uma amiga, um círculo de pedras, uma canção, uma revelação. São mestras porque despertam uma sabedoria que já está. Dentro. Que corre no sangue, dos pés à cabeça. Vamos navegar por este rio do subconsciente, reencontrando as partes perdidas na memória, esquecidas pela rotina. Refazer a trilha para as grutas e as praias escondidas. Vamos revelar aquele acampamento que está vazio há anos, largado para trás acumulando poeira, ocupado agora por aranhas e cobras. Vamos sacudir os tapetes, colher bambus frescos, reconstruir nossas tendas vermelhas. Acender a fogueira com nossos sopros. Cantar pra subir. Para que vicejemos mais e mais, as bruxas, fadas, magas, sereias, sacerdotisas que somos.

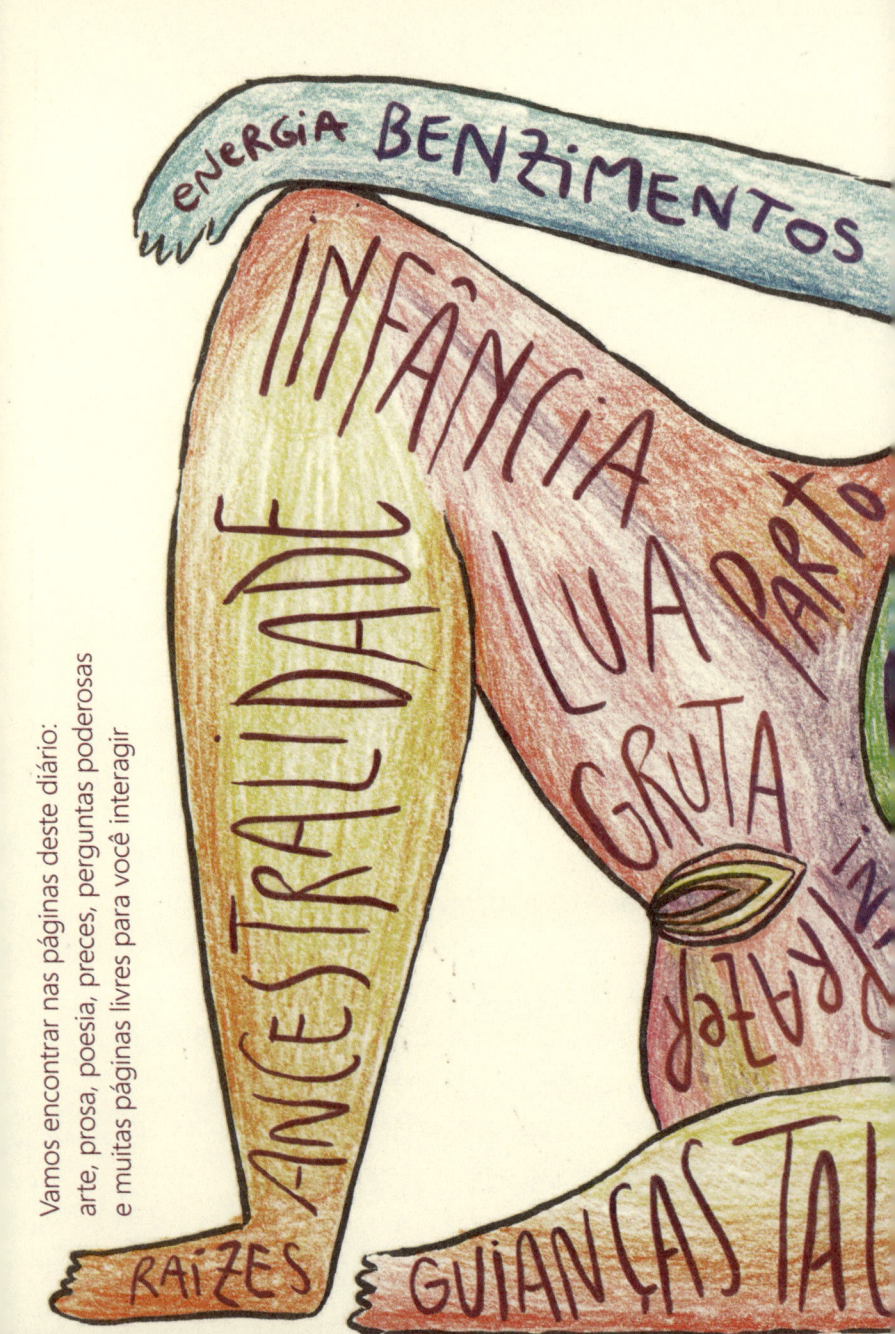

DEUSA · SORORIDADE · ORÁCULO · SONHOS · CANTOS · CÍRCULO · PSICOMAGIAS · CRISTAIS · MÃE · REZOS · ERVAS · [INTU]IÇÃO · AUTOCUIDADO · [CA]NTOS · CURA · ARTE · RITUAL · CURA

Agradeço a Ela,
a Mãe das pequenas coisas,
por tudo que me ensina sobre
as delicadezas e as profundezas:
as perguntas originais
que me inspiraram a criar isso tudo aqui,
as ideias que canaliso e me invadem,
os dias cinzas entediantes e seus trampolins,
o medo que me demora em pegar nos pincéis,
a imagem interna que não me larga
até que eu vá lá e pegue,
o meu companheiro, que me lambe os olhos
quando vejo ruim em tudo,
as mulheres que me vestem de amor e beleza e
amizade, as risadas que salvam,
os livros que me fazem chorar e lembrar
que o simples é suficiente,
as minhas filhas que já se foram
e as que ainda virão,
a todas as flores do meu jardim:
meus espelhos preferidos para
me admirar e me melhorar...

✳ ✳ ✳ ✳

»Que tipo de BRUXA sou eu?
QUAIS SÃO MINHAS MAGIAS
bem MINHAS?!
Que feridas já sei CURAR?
Quando confiei na INTUIÇÃO?«
QUAIS SÃO MEUS
Rituais preferidos?
AONDE aprendi o que eu JÁ SEI?
Como faço pra aprender mais?
↳ O QUE ME AJUDA A INVENTAR?
O que já posso Compartilhar?

As perguntas me abrem portais internos.
Nao sei se gosto mais de respondê-las ou de fazê-las. São como lenços num bolso mágico, a criação de uma desenrola uma fita colorida de novas perguntas logo atrás. Gosto do jeito que elas olham para mim, enfileiradas. *Tem sempre uma que brilha mais que as outras. Que me chama para mergulhar nela.* Escrevendo sem pensar muito, nadando a esmo dentro dela. Para reler mais tarde e ver o que foi que encontrei. Gosto de aprender minhas respostas em voz alta, na companhia de uma amiga ou de um jardim. Pinto as respostas na pele da barriga num carinho arrepiante de fim de dia. Ou cantarolo novas perguntas numa caminhada noturna. Nem sempre me entendo nessas conversas. Como quem se comunica debaixo d'água numa língua inventada na hora, a imaginação precisa fazer sua parte. Só depois observo as pérolas, as conchas e corais que descobri nos recantos das minhas próprias respostas. *Esse diário é para você mergulhar. Você sabe suas boas águas. Perceba as perguntas que brilham para você* ou deixe que elas te mostrem a verdadeira questão que mora nas suas conchas internas. Carregue uma dessas perguntas para o chuveiro, leve-a para o cinema, jogue uma delas na fogueira. Interaja. Esse diário nasceu para ser sublinhado, desenhado, rabiscado. Por amor, descubra suas preferidas e conte suas próprias histórias em cima das minhas. Brinca de bruxa comigo?

Modos de Desfrutar

Ao folhear estas páginas, talvez já tenha percebido que é bastante. Eu quis que fosse assim abundante, tanto de belezas quanto de reflexões.

Minha sugestão: evite a vontade de ler tudo do início ao fim, como num romance. As perguntas poderão te desnortear, te confundir, ou pior, te encher de preguiça. Não desejo que você sinta aquele peso no estômago de quem comeu demais rápido demais.

Desfrute deste diário com calma, como um picolé que não derrete. Escolha as perguntas que façam sentido hoje, use as bordas grossas espaçosas para se deixar bilhetes. Os marcadores de página estão aí para você não se perder, mesmo que às vezes seja necessário perder-se.

Nem todos os temas serão para você.

Adapte-os, pule-os, invente novos.

Cuide, use, abuse deste tesouro como você-pequena cuidaria.

Estamos prontas. Os espíritos do ritual estão a postos.

VIVE NUMA
FLORESTA
SÓ SUA

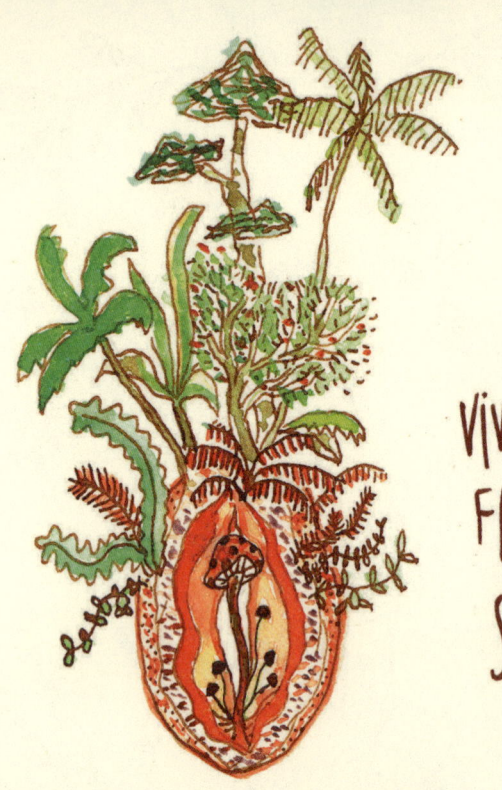

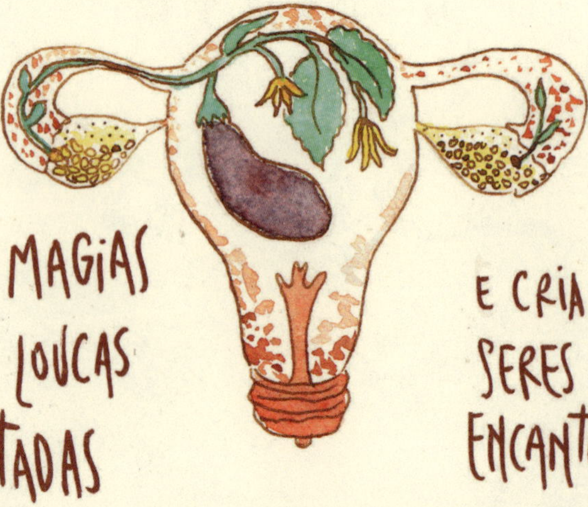

PRATICA MAGIAS
LINDAS LOUCAS
INVENTADAS

E CRIA
SERES
ENCANTADOS

BRUXA QUE É BRUXA

SEMPRE SABE O QUE PRECISA SER FEITO

E QUANDO NÃO SABE, DESCOBRE

SE ENTREGA E NÃO FOGE DOS SEUS FANTASMAS

BRUXA
QUE É BRUXA

SE OCULTA

SE PLASMA

SE MUDA

SE SABE, SE TOCA, SE AMA

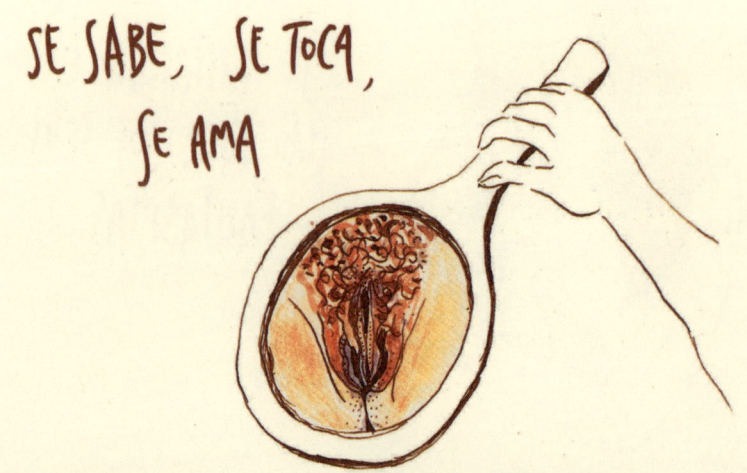

O que é magia para mim?

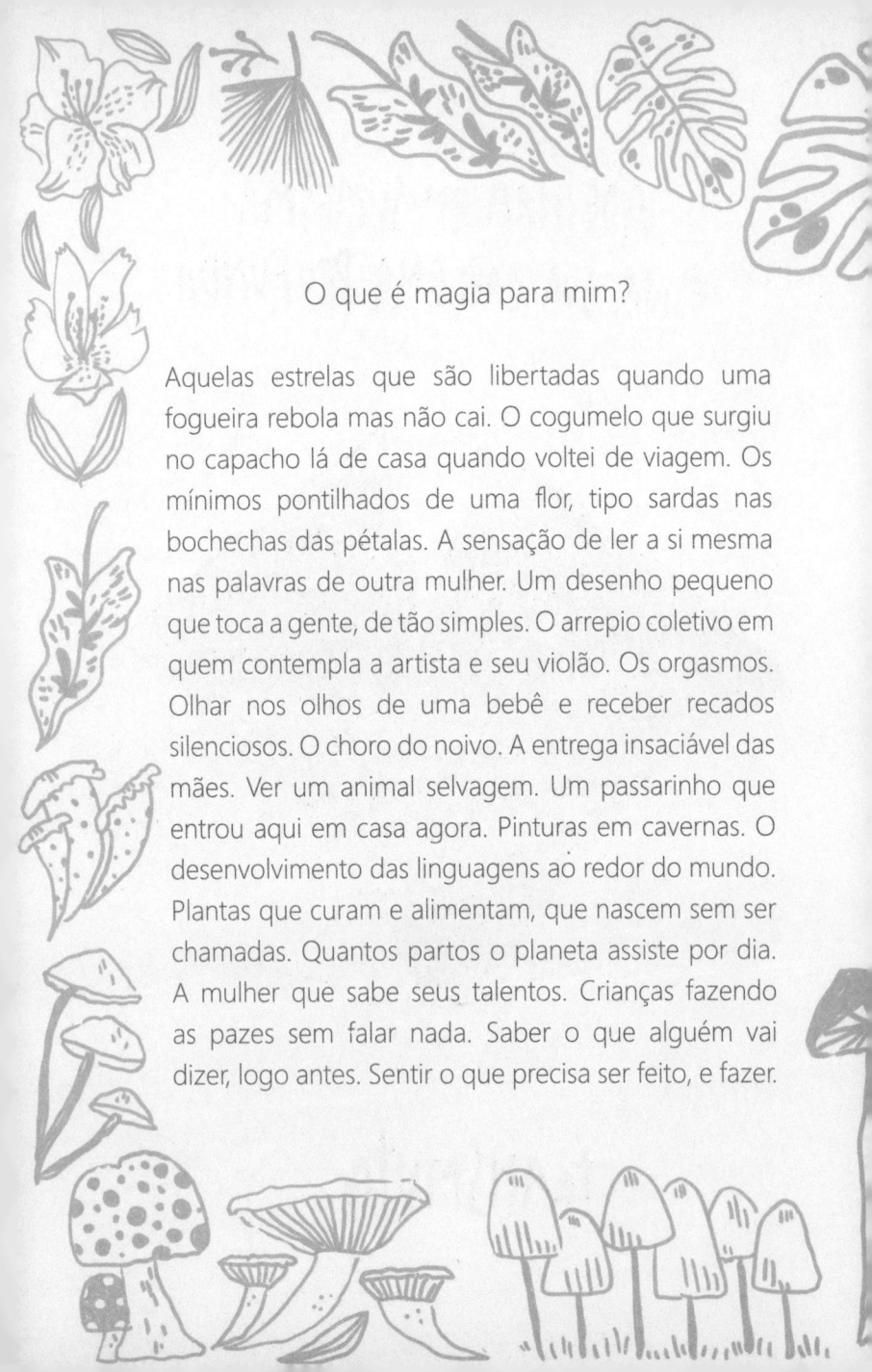

Aquelas estrelas que são libertadas quando uma fogueira rebola mas não cai. O cogumelo que surgiu no capacho lá de casa quando voltei de viagem. Os mínimos pontilhados de uma flor, tipo sardas nas bochechas das pétalas. A sensação de ler a si mesma nas palavras de outra mulher. Um desenho pequeno que toca a gente, de tão simples. O arrepio coletivo em quem contempla a artista e seu violão. Os orgasmos. Olhar nos olhos de uma bebê e receber recados silenciosos. O choro do noivo. A entrega insaciável das mães. Ver um animal selvagem. Um passarinho que entrou aqui em casa agora. Pinturas em cavernas. O desenvolvimento das linguagens ao redor do mundo. Plantas que curam e alimentam, que nascem sem ser chamadas. Quantos partos o planeta assiste por dia. A mulher que sabe seus talentos. Crianças fazendo as pazes sem falar nada. Saber o que alguém vai dizer, logo antes. Sentir o que precisa ser feito, e fazer.

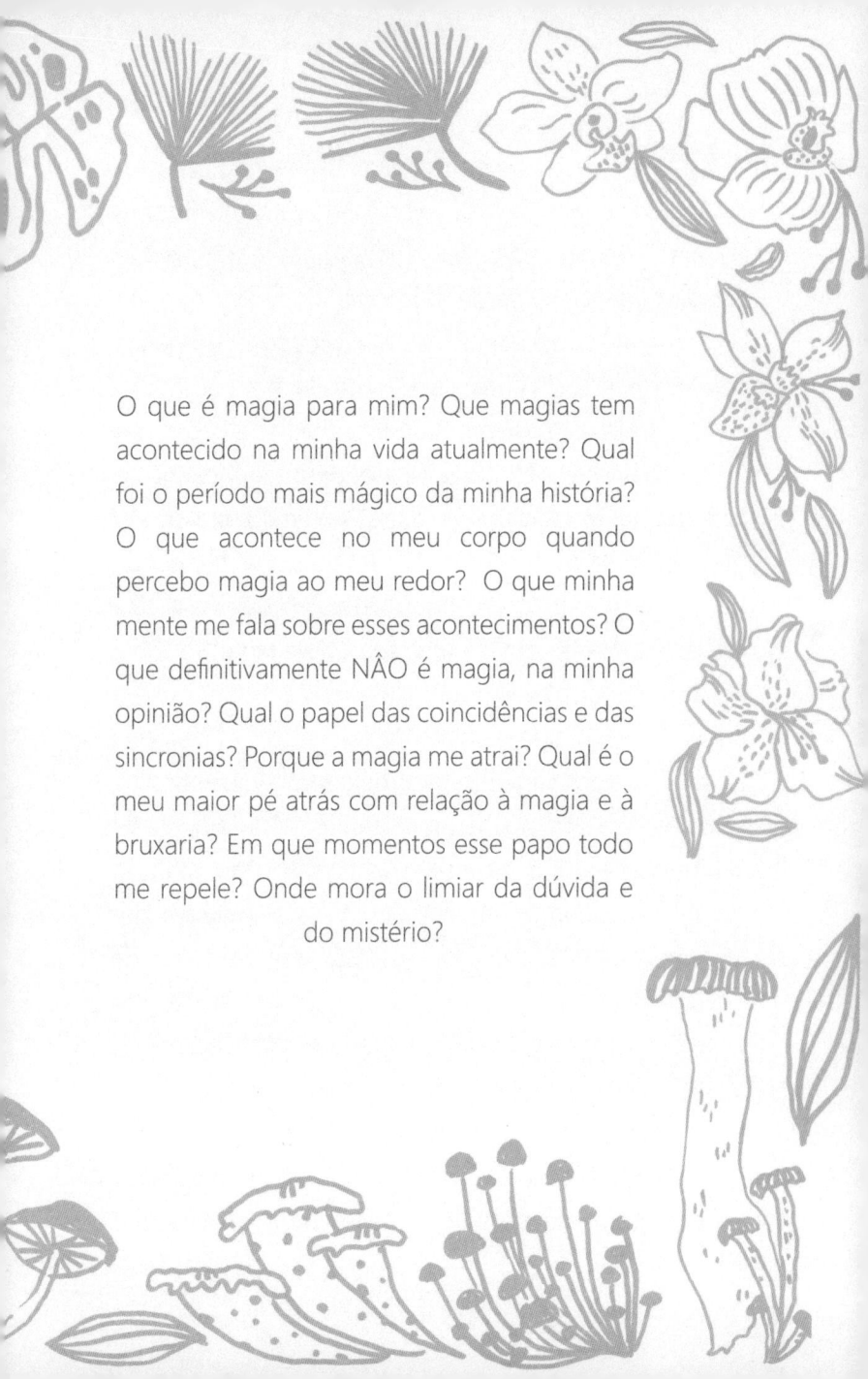

O que é magia para mim? Que magias tem acontecido na minha vida atualmente? Qual foi o período mais mágico da minha história? O que acontece no meu corpo quando percebo magia ao meu redor? O que minha mente me fala sobre esses acontecimentos? O que definitivamente NÃO é magia, na minha opinião? Qual o papel das coincidências e das sincronias? Porque a magia me atrai? Qual é o meu maior pé atrás com relação à magia e à bruxaria? Em que momentos esse papo todo me repele? Onde mora o limiar da dúvida e do mistério?

Um viver no faz de conta que vinha mais fácil. Um botão que se ligava e o mundo do invisível tomava conta de mim. Tem algo sobre a magia durante a infância que invariavelmente se perde com os anos. Gosto quando vejo meninas andando na rua, sendo carregadas pela mão, olhos turvos de fumaça, falando sozinhas, gesticulando com o nada, submersas. Sem perceber que a vida aqui fora continua existindo. Ainda sem conhecer a vergonha. Lembro que eu entrava no meu mundo em momentos específicos do dia. No ocasional banho de banheira. No dia da faxina, quando as cadeiras da sala ficavam conversando de um jeito engraçado. Sozinha, no beliche do quarto do meu irmão, com aquele cobertor verde que parecia um gramado. No final dos almoços de domingo, quando os copos esquecidos de guaraná viravam poções malucas, feitiços fedidos de sal, palitos e grãos de arroz. No caminho de volta da escola, descobrimos um atalho entre as plantas em que só cabíamos nós, pessoas menores. Sempre gostei de encontrar pequenos tesouros no chão e guardar em caixinhas especiais. Me atrai tudo que tenha bolsos na parte de dentro. Os desenhos no chão, dos tacos ou das pedras portuguesas, precisavam ser rigorosamente respeitados, senão despertavam os jacarés. Braços de sofá eram quase sempre cordas-bambas e às vezes, mas só às vezes, as coisas são o que são sem precisar de imaginação. Tipo aquele estojo cheio de botões que esconde uma minúscula lupa numa das suas gavetinhas e é, até hoje, uma lembrança de pura fantasia. Na minha infância, não existia ainda uma escola de jovens feiticeiros com cicatrizes na testa. As bruxas eram quase todas más. As princesas eram um pouco bobas e suscetíveis demais a maldições paralisantes. Não me lembro de querer ser algum personagem específico. Nem mesmo a Pocahontas. Eu preferia os pinguins. Eu queria que minha casa fosse um reino de segredos e brumas. Queria ter o meu próprio bosque e descobrir passagens secretas atrás das paredes do meu palácio. Eu desejava, então criava. O mundo que eu queria simplesmente se fazia na minha frente. Um graveto pode ter muito poder se você deseja o suficiente. Essa é uma regra para a vida que eu preferiria não ter esquecido. Meu esforço agora é de achar esse interruptor, entrar em transe de novo, ser carregada pela mão enquanto converso com meus amigos gnomos. Meu esforço agora é de conjurar essa criança perdida, trazê-la comigo ao caminhar no jardim, pedir que me mostre as coisas rente ao chão que só vê quem está muito ali.

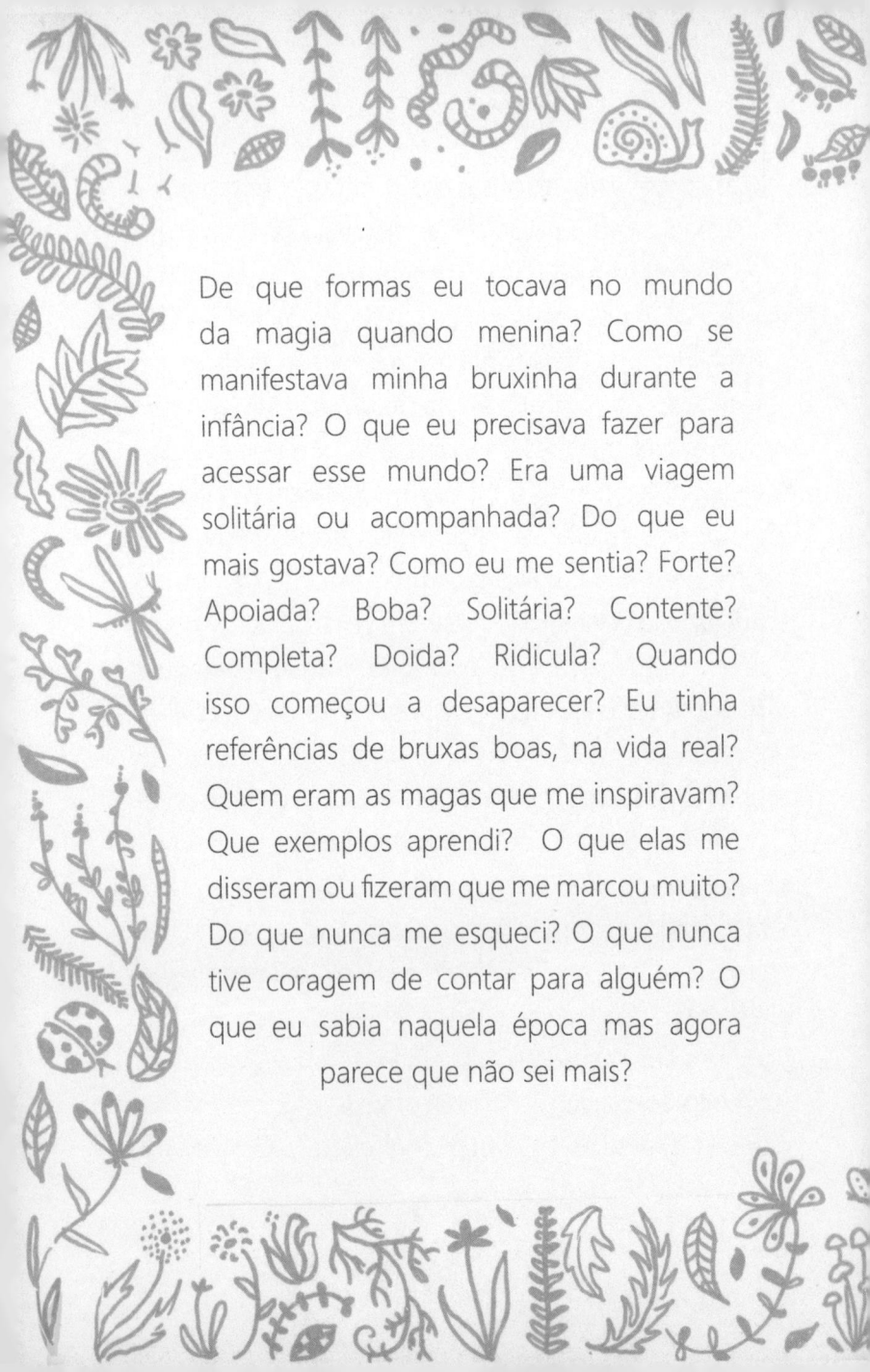

De que formas eu tocava no mundo da magia quando menina? Como se manifestava minha bruxinha durante a infância? O que eu precisava fazer para acessar esse mundo? Era uma viagem solitária ou acompanhada? Do que eu mais gostava? Como eu me sentia? Forte? Apoiada? Boba? Solitária? Contente? Completa? Doida? Ridicula? Quando isso começou a desaparecer? Eu tinha referências de bruxas boas, na vida real? Quem eram as magas que me inspiravam? Que exemplos aprendi? O que elas me disseram ou fizeram que me marcou muito? Do que nunca me esqueci? O que nunca tive coragem de contar para alguém? O que eu sabia naquela época mas agora parece que não sei mais?

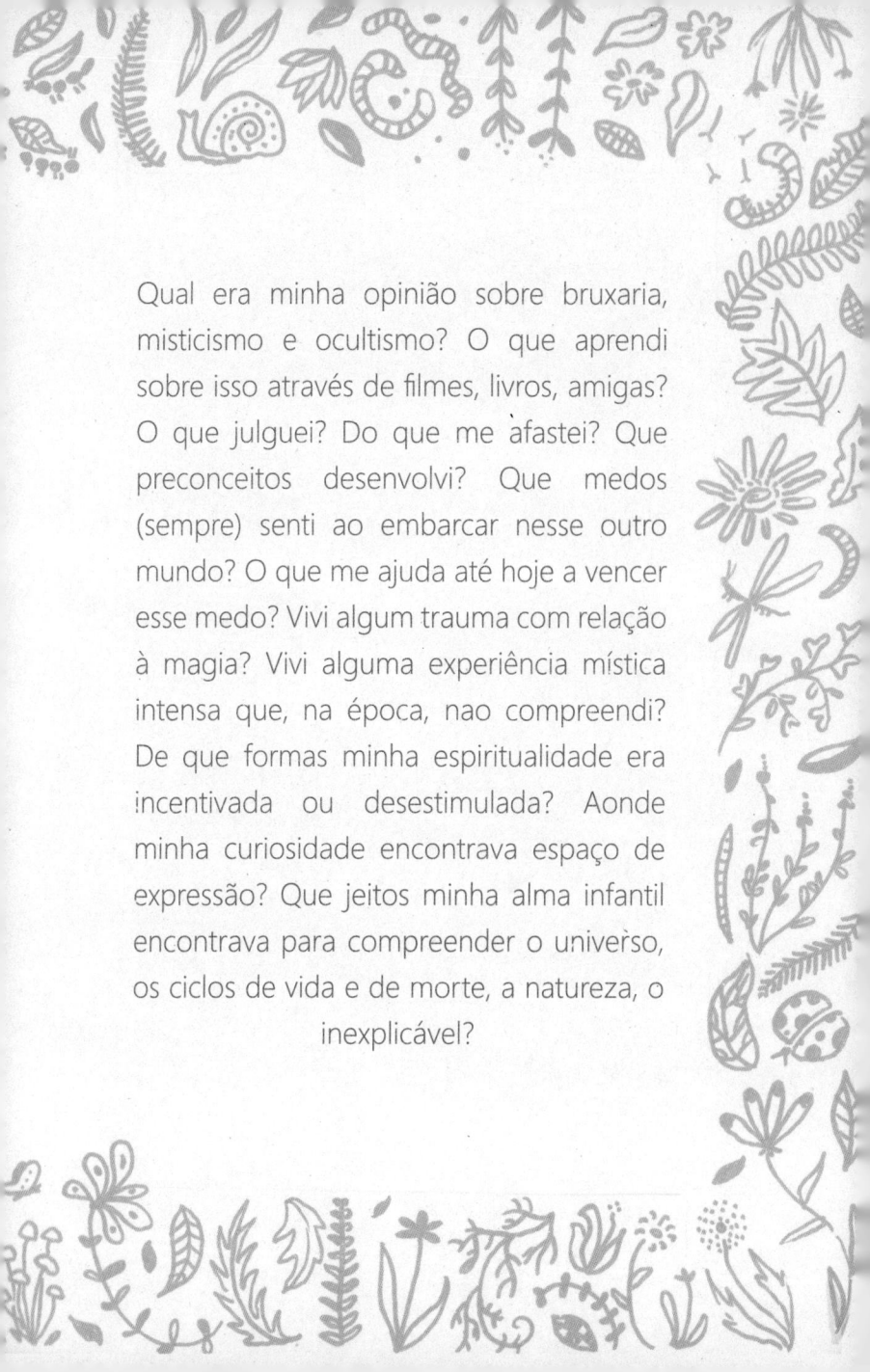

Qual era minha opinião sobre bruxaria, misticismo e ocultismo? O que aprendi sobre isso através de filmes, livros, amigas? O que julguei? Do que me afastei? Que preconceitos desenvolvi? Que medos (sempre) senti ao embarcar nesse outro mundo? O que me ajuda até hoje a vencer esse medo? Vivi algum trauma com relação à magia? Vivi alguma experiência mística intensa que, na época, nao compreendi? De que formas minha espiritualidade era incentivada ou desestimulada? Aonde minha curiosidade encontrava espaço de expressão? Que jeitos minha alma infantil encontrava para compreender o universo, os ciclos de vida e de morte, a natureza, o inexplicável?

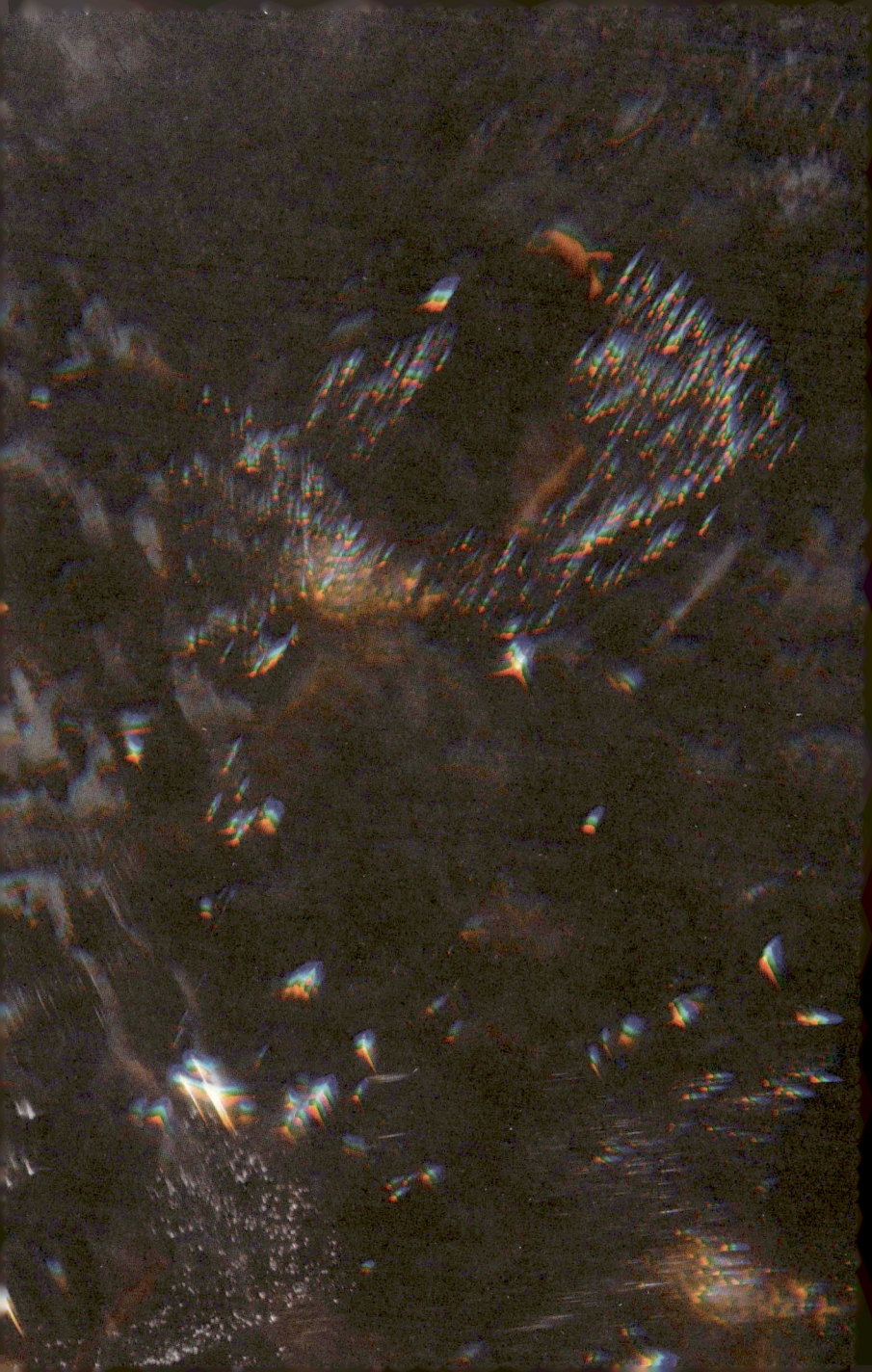

Na vida real, eu estava no sul da India. Deitada no terraço de um café comunitário de uma cidade maluca que gosta de colecionar ecovilas. Olhos fechados, o calor do sol no meu corpo, nas mãos um masala chai doce e picante. Era Outubro de 2010. Dentro de mim, eu estava fazendo o melhor passeio da minha vida. Eu caminhava por um campo de flores selvagens, em busca, sei lá, de algum lugar só meu. O percurso ia se criando como mágica na minha frente, num sonho consciente, só que desperta. Segui um som baixinho até descobrir um córrego. Subi o curso da água acompanhando aquele riacho cristalino e me deparei com uma cachoeira deslumbrante. Banhei feliz. Atrás da queda d'água, um túnel entre as pedras me chamava, convidativo. Entrei sem medo naquela penumbra molhada, curiosa. Me descobri de repente na gruta mais linda que uma mente é capaz de inventar. Um poço de águas verdes, paredes brilhantes e enormes cristais coloridos, saltando pelas quinas de pedra. Um conto de fadas dentro de mim. Borboletas e libélulas multiplicadas, refletidas nos espelhos dos cristais e eu, nua, maravilhada, absorvendo. Total paz. Esse passeio pelo rio me levou depois a uma praia com conchas gigantescas, tipo fósseis pré-históricos no sol. Por fim, descansei embaixo de uma figueira linda e recebi a aparição de uma grande mulher. Cabelos lisos e pretos, corpo forte e curvilíneo, olhos sábios e sorridentes. Essa deusa selvagem caminhou até mim e me abraçou.

Guardei lá no fundo essa aventura interior, mas nunca tive coragem de contá-la ou desenhá-la. Tive medo de diminuir sua beleza com minhas habilidades medianas. Passaram anos e anos até a Clarissa Pinkola Estés me apresentar ao Río Abajo Río e à Mulher Selvagem. Mais alguns anos até que a Felícia de Castro, guiança maior na palhaçaria feminina, me apontasse minha gruta no entre das minhas coxas recém paridas. Achei por uns instantes que elas, gênias, tinham inventado toda aquela beleza. Mas depois lembrei. Lembrei do cheiro do masala chai. Lembrei do sorriso da minha india bruja, na sombra da árvore. Lembrei do sol no meu corpo deitada naquelas conchas imensas. Dos arco-íris provocados pelos cristais na minha mais bela gruta e seu poço verde. Você vê. Nada é muito novo, tudo já está, existindo ali entre as nossas sobrancelhas, guardado no buraquinho triangular entre nariz e boca. Se escondendo no monte energético três dedos abaixo do umbigo. Enrolado numa linha de crochê que atravessa o corpo de cima abaixo, escorregando pela coluna com cores de cobra coral. Amo que as metáforas são infinitas, justamente por isso, porque tudo já Está.
Então agora estou criando, à base de lágrimas e aquarelas, este refúgio aqui. Para eternizar nossas experiências infinitamente parecidas. Para me ajudar a lembrar, a conectar, a integrar essa sabedoria que flui, que jorra, que agita, e depois ondula, vaga e se acalma mas que, se depender de nós, nunca vai secar.

QUAIS SÃO OS MEUS CAMINHOS PRA CHEGAR NA MINHA

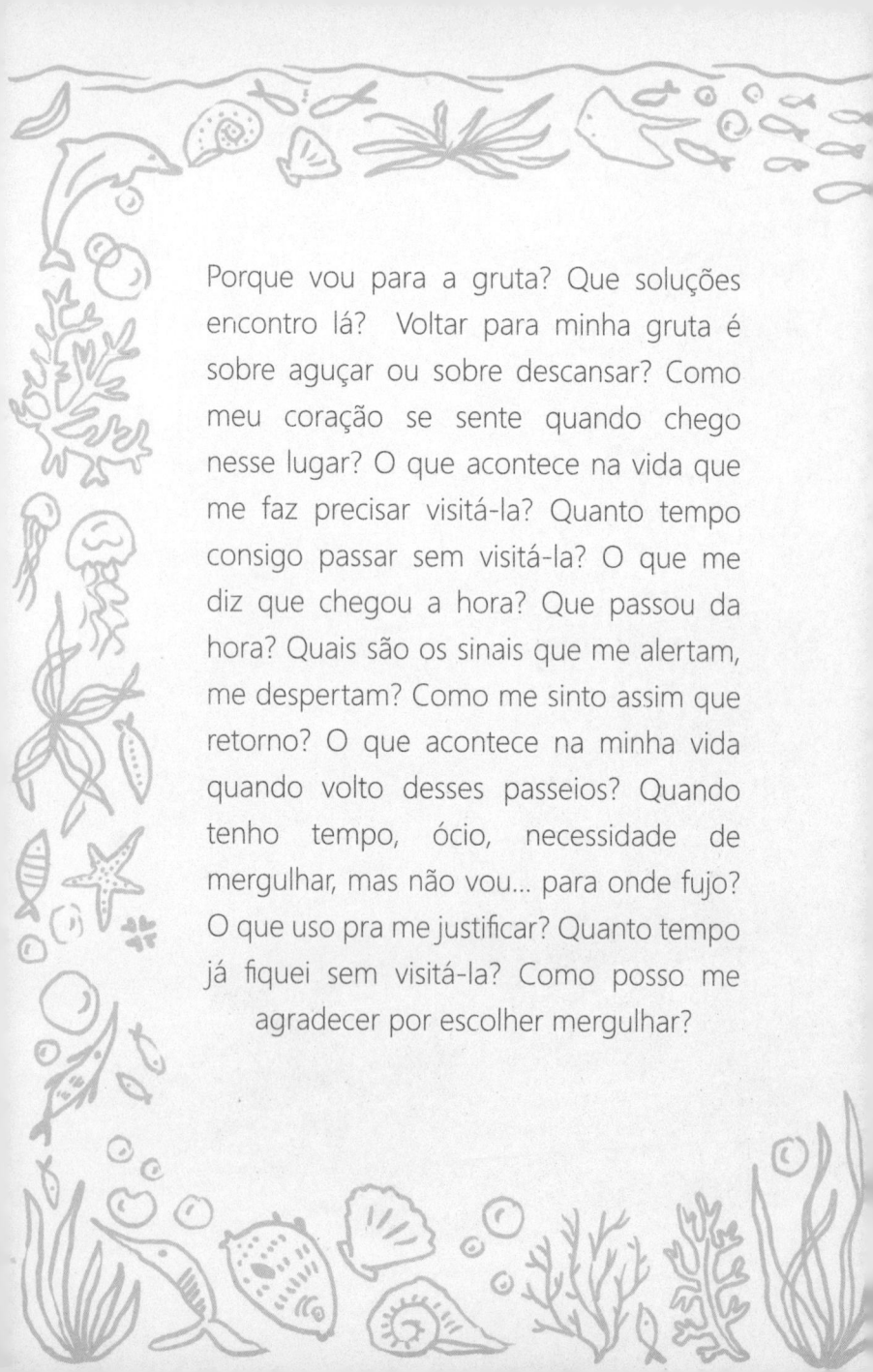

Porque vou para a gruta? Que soluções encontro lá? Voltar para minha gruta é sobre aguçar ou sobre descansar? Como meu coração se sente quando chego nesse lugar? O que acontece na vida que me faz precisar visitá-la? Quanto tempo consigo passar sem visitá-la? O que me diz que chegou a hora? Que passou da hora? Quais são os sinais que me alertam, me despertam? Como me sinto assim que retorno? O que acontece na minha vida quando volto desses passeios? Quando tenho tempo, ócio, necessidade de mergulhar, mas não vou... para onde fujo? O que uso pra me justificar? Quanto tempo já fiquei sem visitá-la? Como posso me agradecer por escolher mergulhar?

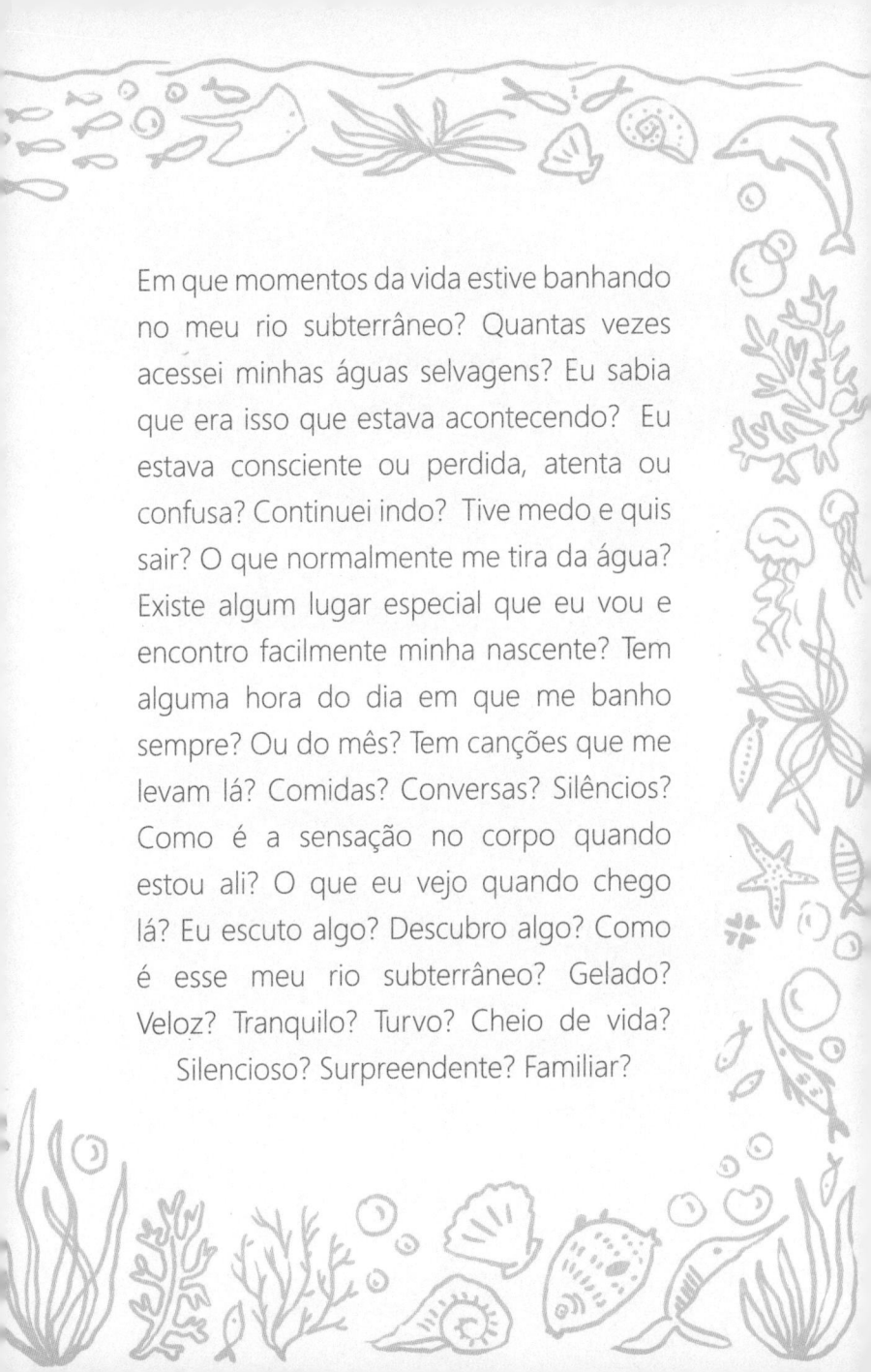

Em que momentos da vida estive banhando no meu rio subterrâneo? Quantas vezes acessei minhas águas selvagens? Eu sabia que era isso que estava acontecendo? Eu estava consciente ou perdida, atenta ou confusa? Continuei indo? Tive medo e quis sair? O que normalmente me tira da água? Existe algum lugar especial que eu vou e encontro facilmente minha nascente? Tem alguma hora do dia em que me banho sempre? Ou do mês? Tem canções que me levam lá? Comidas? Conversas? Silêncios? Como é a sensação no corpo quando estou ali? O que eu vejo quando chego lá? Eu escuto algo? Descubro algo? Como é esse meu rio subterrâneo? Gelado? Veloz? Tranquilo? Turvo? Cheio de vida? Silencioso? Surpreendente? Familiar?

Venho entendendo que a minha mulher selvagem é uma mulher acordada, desautomatizada. Ela ainda se perde no caminho, com uma frequência exaustiva. Mas se perde porque faz questão de se sentir achada. Anota os detalhes da jornada no seu caderninho. Guarda as folhas bonitas que encontra na terra prensadas entre as páginas, fazendo companhia às poesias. Carrega pedrinhas na bolsa, prende flores nos cabelos e passa suas noites costurando os machucados. A floresta tem seus espinhos e é difícil não acumular feridas. Todo arranhão será lavado na próxima vez que cruzar o rio. O rio é onde ela descansa. Se limpa. Se cura. Come. Escreve. Mas é sempre um pouco difícil voltar para a trilha depois de um mergulho. A floresta nunca é a mesma duas vezes. Ela leva um tempo até se achar, mesmo com todas as pistas anotadinhas. Agora ela já se acostumou. Disseram que seria assim mesmo. Uma dança viva entre ela e sua mata. Ambas em perene transformação. Amigas, em diálogo confuso. Ela se assusta, se sente sozinha, sonha difícil, sonha bonito e no dia seguinte, algo acontece. Alguma magia qualquer. Ela vê um bicho raro, encontra a planta certa, ganha um banho de chuva, descobre uma nova gruta. Sinais de que a Mãe está ouvindo, está provendo. Ela se sente cuidada e continua caminhando. Às vezes perdida. Às vezes achada. Um dia dela é como uma vida inteira...

Às vezes ela pensa que essa iniciação mais parece uma finalização. Ou um meio, uma travessia entre o antes e o depois. Ela foi treinada para isso desde pequetita, mas não sabia. Suas irmãs também estão por aí, dá pra ouvi-las pelas raízes das árvores. Nem todas, porém, usam diários de bordo. Cada uma tem seu jeito particular de observar o caminho. Para ela, escrever. Contar sua história. A sua própria e todas as que lhe contam as matas. Traduzir o vento em letras no papel. Ela sente que as belezas e as sutilezas precisam de certo apoio. Se soltam fácil, desapercebidas. A palavra segura suas pontas, prende como âncora. Uma história no caderno é como uma pedra amarrada numa pipa. Escrever guarda um pouco da beleza antes que ela voe embora para sempre. E a mata tem tanta história que não dá tempo de capturar todas. Ela até lamenta. Escolhe algumas, se despede de outras e segue. É preciso sempre seguir caminhando. Sem muita pressa e sem muita preguiça.
Às vezes é importante também correr. Correr junto com as feras. Até tudo se pintar de verde borrado, até os pés desaparecerem, o corpo vibrar inteirinho. Depois, ela vai escrever que corre porque é bom, porque é difícil. *Corro porque me torno mais uma, me torno mais Una.* Quando ela corre assim, porque gosta, porque é capaz, porque aguenta, a mata parece se abrir e afastar os perigos. A mata parece sentir prazer.

COMO SERIA MINHA VIDA SE EU ENCARNASSE

todo tempo minha mulher selvagem?

Minha mulher selvagem já apareceu para mim fisicamente? Em sonhos, desenhos, devaneios ou mirações? Posso me encontrar com ela agora, nesse instante? Como ela é fisicamente? Com quem ela se parece? Como é sua presença? De que formas ela normalmente vem? Quando ela surge? Eu a convoco ou ela me escolhe? Qual é o seu nome? Onde ela mora? Como toco sua campainha? Com que instrumentos a chamo para sair? O que ela faz quando chega? O que ela já me disse? O que ela sempre me diz? Porque ela me diz essas coisas? Que presentes já ganhei por meio dela? Ela me afaga e me cuida? Ou ela é dura e séria? Ela me chama para maturidade ou brinca com minha criança?

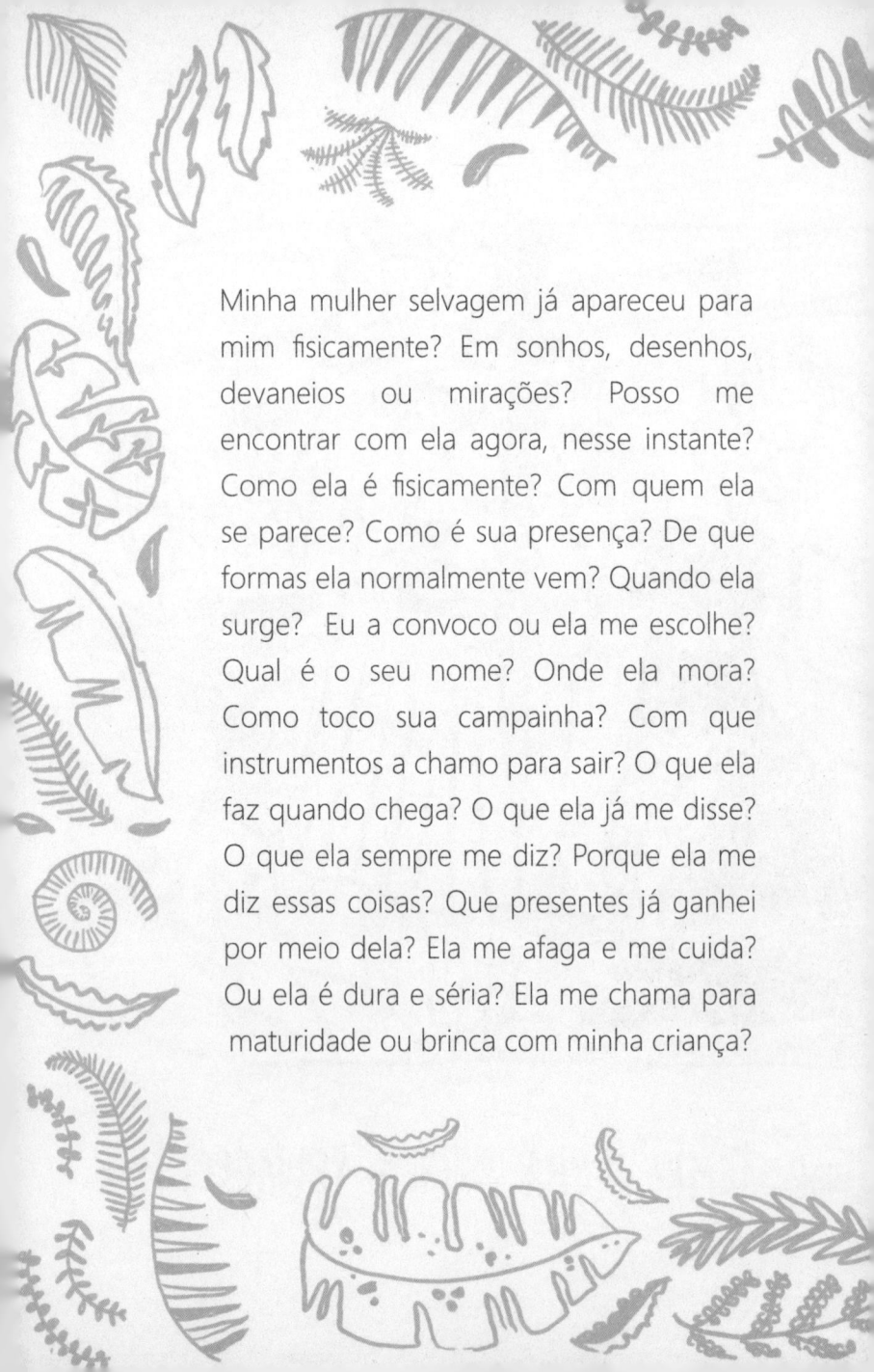

Para onde vamos juntas? Para onde ela já me levou? Que caminhos de vida escolhi porque foi ela quem mandou? Sobre o que ela me aconselha? Em que situações costumo buscar sua guiança? Em que situações deveria fazê-lo, mas esqueço? O que ela sabe, e parece que eu ainda tenho muito a aprender? Quais são suas sabedorias específicas? Quais são minhas sabedorias mais óbvias - aquelas que eu já sei, sem precisar de ajuda? No que eu costumo pedir apoio? Em que momentos do mês, do ciclo, do dia, me sinto mais selvagem e intuitiva? Me torno minha mulher selvagem em dias de sol e gozo fértil ou em noites de sangue e de lua? Como crio todo mês minha tenda vermelha da intuição? Com quais amigas compartilho meus achados?

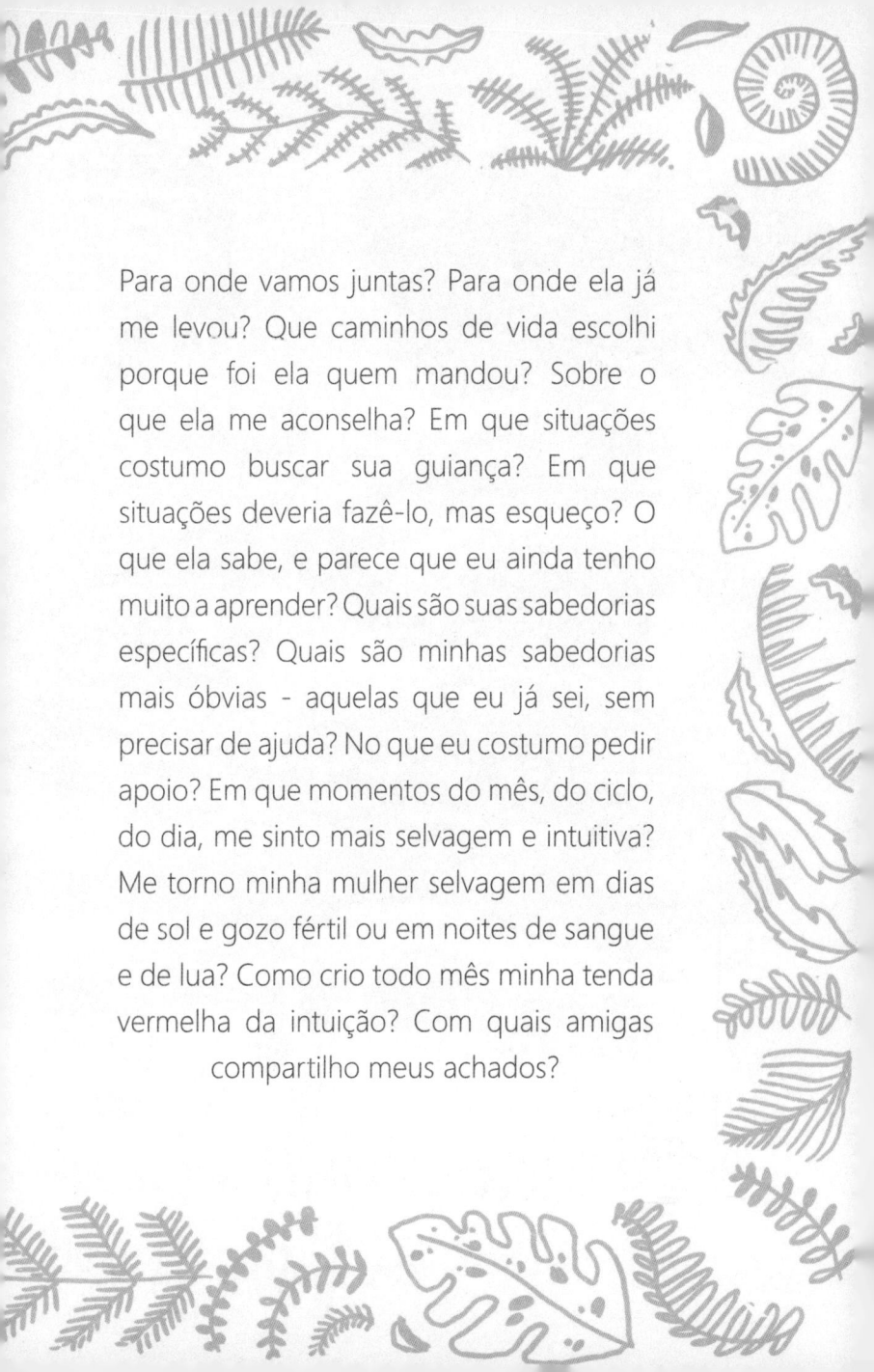

Quem caminha comigo em busca da nossa

tenda Vermelha?

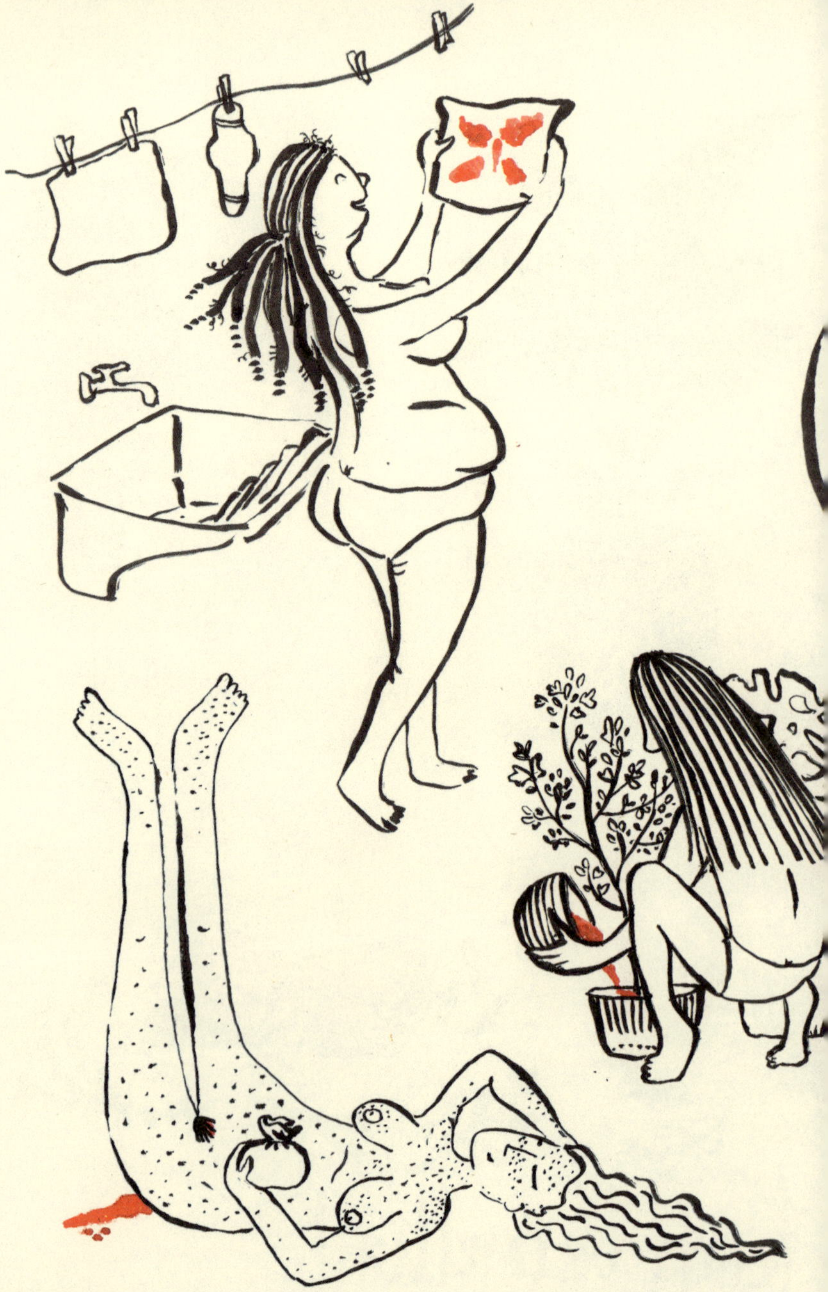

SOU AMIGA DO MEU SANGUE?

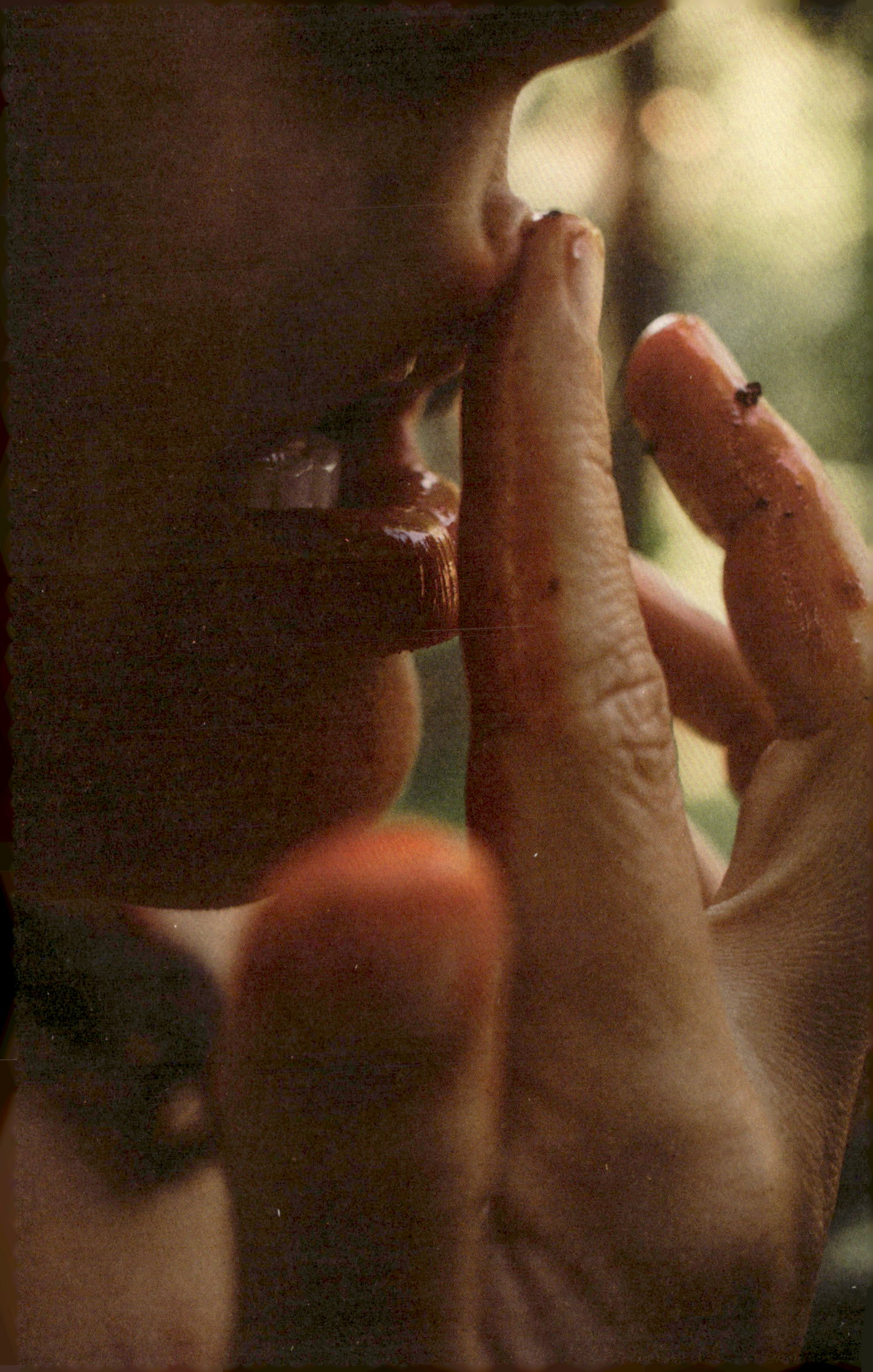

Como aprendi a olhar para o meu sangue desde pequena? O que ouvi das mulheres e homens da minha família? Como foi minha primeira experiência menstrual? Como eu me sentia, quando menina? O que carrego e ainda não desconstruí? O que mudou, de lá até hoje? Que padrões percebo no meu ciclo? Como mudo, antes, durante e depois da menstruação? Como me sinto quando nao sangro? Como percebo meu corpo durante a ovulação? O que é viver minha fertilidade? Em quem me transformo quando estou no cio? Que rituais crio para viver meu sangramento de forma mais íntegra? O que posso fazer para ficar mais conectada? Pelo quê me sinto orgulhosa na minha relação com meu sangue? Aonde ainda quero chegar? Aonde encontro benção? Como converso com meu ventre? Consigo escutar o que ele me pede? Estou aberta para essa amizade? O que ainda preciso aprender? O que sei que ainda não sei?

Útero meu
pleno de sementes
que se prepara todo mês para produzir gente
que sabe desapegar, se entregar
e os caminhos para se limpar
útero que pinga, chove, chora
e alimenta a terra com sua chama líquida
você, fundo de caverna
leito de rio, poço de cachoeira
trilha em labirinto na mata do amor
riacho de gozo na floresta do prazer
meu cristal no fim do túnel
te honro, te agradeço, te vejo
te acolho também na dor e na doença
te prometo amizade
até o último dos nossos dias
e todo início de noite
sempre

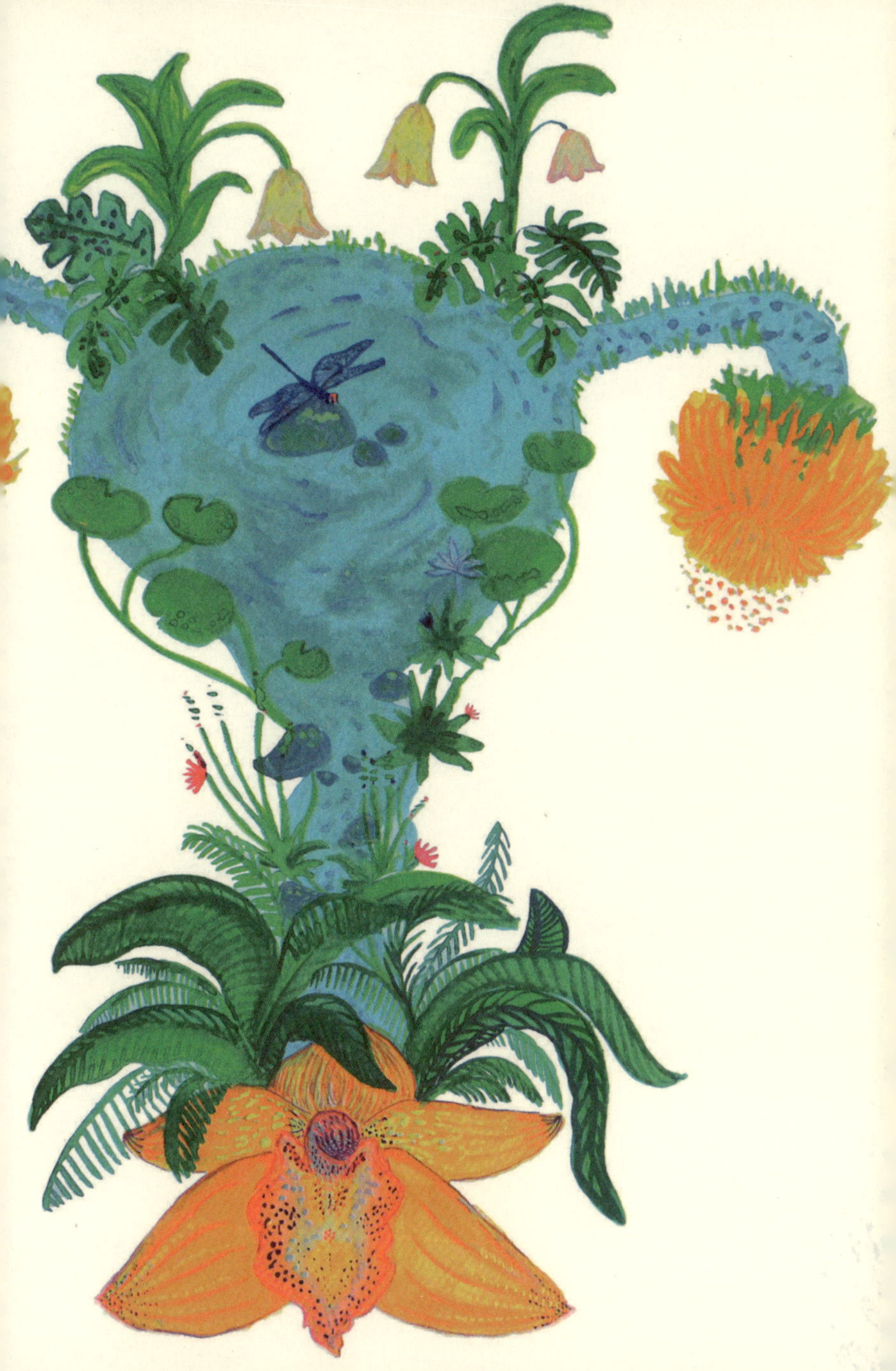

uma CARTA para meu ventre

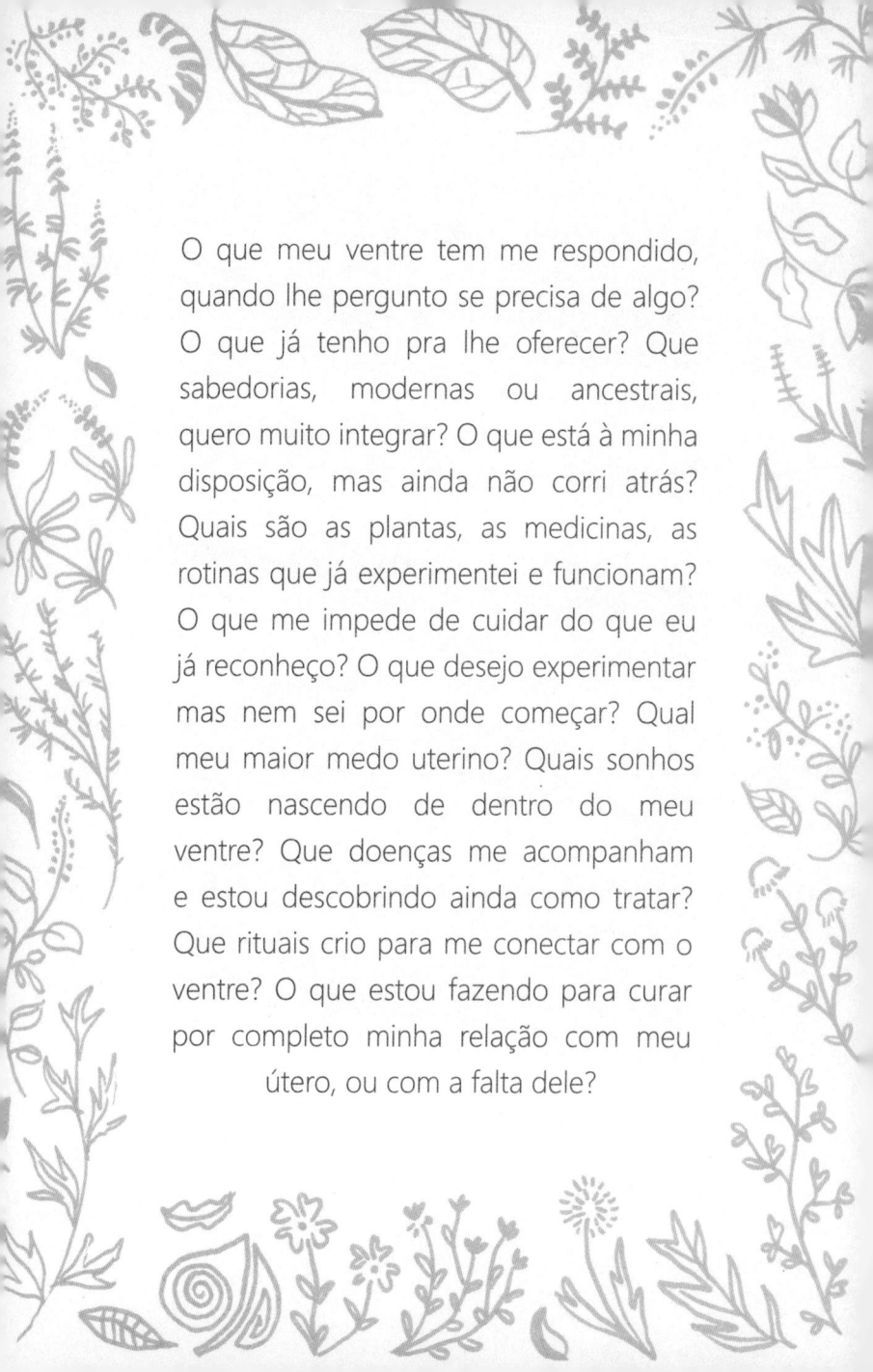

O que meu ventre tem me respondido, quando lhe pergunto se precisa de algo? O que já tenho pra lhe oferecer? Que sabedorias, modernas ou ancestrais, quero muito integrar? O que está à minha disposição, mas ainda não corri atrás? Quais são as plantas, as medicinas, as rotinas que já experimentei e funcionam? O que me impede de cuidar do que eu já reconheço? O que desejo experimentar mas nem sei por onde começar? Qual meu maior medo uterino? Quais sonhos estão nascendo de dentro do meu ventre? Que doenças me acompanham e estou descobrindo ainda como tratar? Que rituais crio para me conectar com o ventre? O que estou fazendo para curar por completo minha relação com meu útero, ou com a falta dele?

No meu útero, o que guardo?
Medos, sonhos, projetos inacabados,
desejos, traumas e nojos,
planos distantes de uma vida mais minha
Nas águas que brotam da mina na minha gruta,
um dedo do pé checa o tamanho do frio
Observo, mas não entro nesse rio
Aonde colocaria as tantas coisas que nadam por lá?
Trancadas, numa gaveta do coração
Embrulhadas, no papel higiênico da vergonha
Escondidas, embaixo da lingua para ninguém notar
A verdade é que eu não sei
Não sei como está a biodiversidade do meu mangue
Posso cultivar vida que pulsa, que cheira,
que escorre bonito
Mas aprendi que o certo é me desinfetar
com cloro, água sanitária e esquecimento
Fazer a caseira e pinçar uma por uma
as folhas secas e as aranhas mortas a boiar
Dia desses pus minha mata no sol a quarar,
pendurei minha ferida no varal das calcinhas,
visitaram-me abelhas, beija-flores e joaninhas
Fechei os olhos, sorri limpezas
Reflorestei, saudável
Me subiram as águas rio acima,
cachoeirei salgada
No meu útero, guardo lágrimas
No meu útero, curo mágoas

NO MEU ÚTERO, O QUE GUARDO?

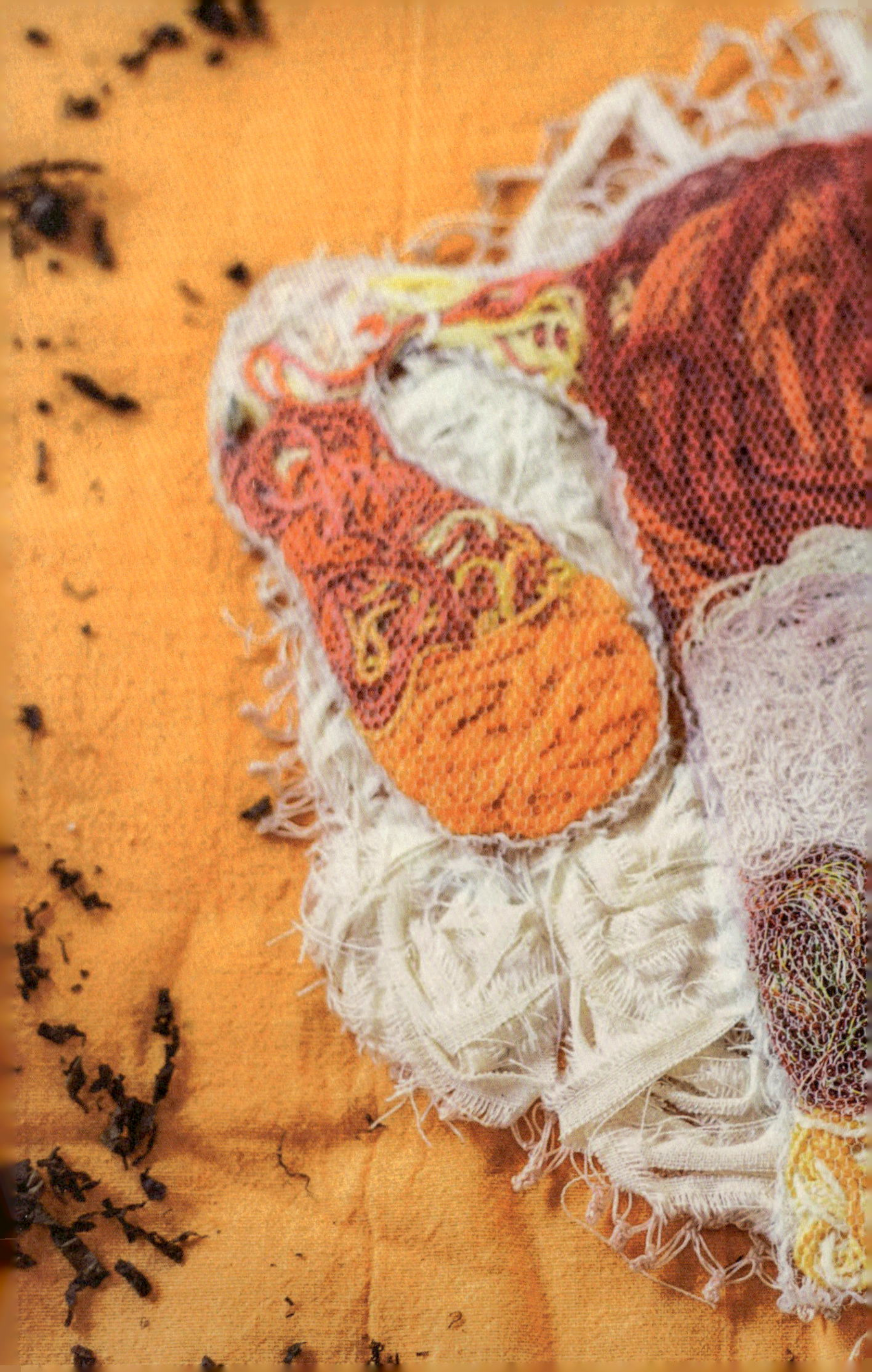

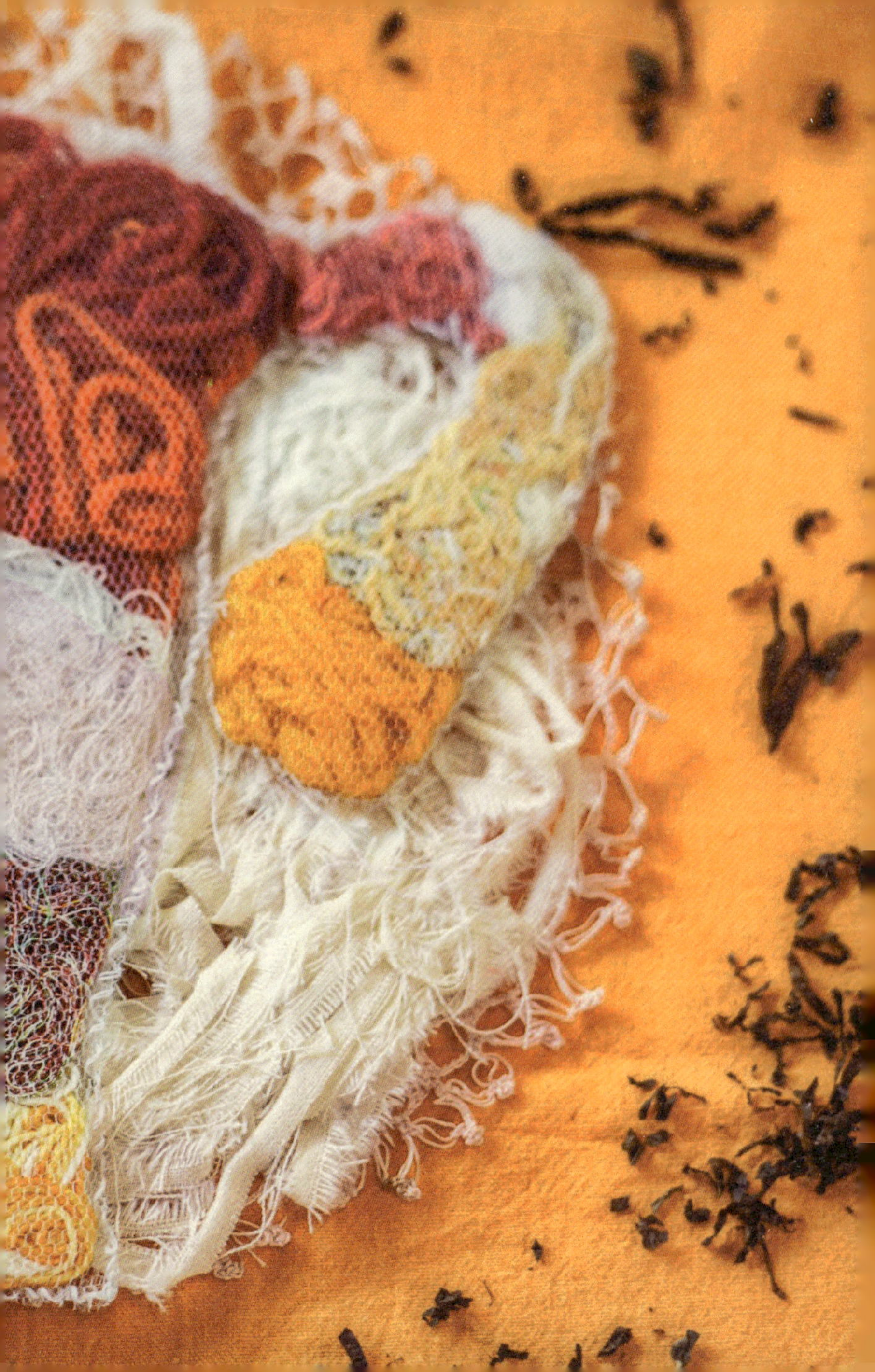

Do entrelace de pano, linha, bordado, fio, filó, da energia de meu sangrar de mulher, da medicina do redondo, de forças espirituais do manuseio têxtil e de outras pulsantes. Em minhas corpas que nasceu essa útera, um pano-reza ativante. Ela já esteve entre as mãos de centenas de outras mulheres, que chamaram em voz alta por suas mães maiores, antigas ancestrais, fazendo ressoar seus nomes, seus espíritos, suas receitas, seus feitiços, suas histórias... reativando múltiplas tramas da linhagem de feminilidades que não se rompe e nos faz ser, na amorosa e infindável placenta cósmica.

Agorinha, também você recebe esse convite:

ÚTERO ESCUTA ÚTERO

as minhas ancestrais gozaram.
sim. orgasmos.
tenho a memória disso
nos cabelos assanhados depois
da masturbação.
no bico do peito oferecido.
no latido da útera que
não deixou de acontecer.
na vulva. nas tripas.
na batata da perna.
nas redes-alcovas, nos riachos,
nas sombras de árvores
que até agorinha frutificam.
tenho a memória disso,
no vasto couro de minha corpa,
macia, trêmula, nada imaginária.
como num vislumbre
por debaixo das saias,
sei e mais que sei.
escuto com o clitóris.
as minhas ancestrais gozaram.

@sigo.viva

QUE SUPERPODERES ATINJO AO GOZAR?

QUAIS OS FEITIÇOS QUE MAIS ME DÃO PRAZER?

Reconheço a magia que existe no orgasmo? Me permito viver por inteira essa pequena morte? Que tipo de feiticeira me torno quando estou na cama, comigo ou com alguém? Quais são os caminhos conhecidos para minha gruta de prazer? Que novos caminhos sinto que devo aprender a trilhar? Que ingredientes jogo nesse meu caldeirão? Que tipo de feitiços crio? De dor, de trauma, de vida ou de amor? O que fazer quando apaga o fogo, quando esfria a sopa? Como manter acesa a fogueira? O que já aprendi sobre mim e o sexo? O que ainda desejo aprender? Aonde desejo chegar? Quão importante é meu prazer? Quão prioritário? Quantas partes do dia uso para me satisfazer?

Meu corpo está satisfeito comigo?

O que ele me pede?

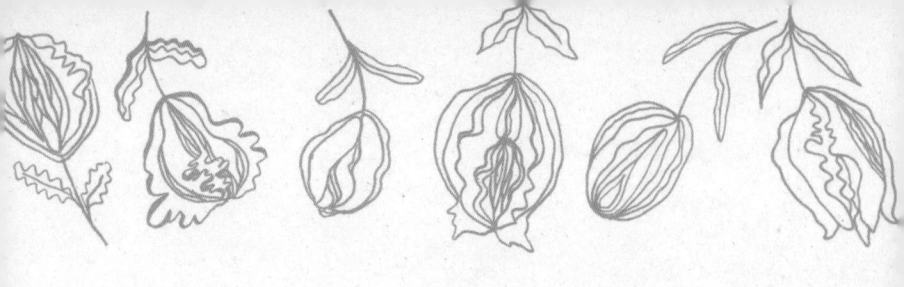

Aonde mora o meu tesão? Aonde ele se esconde, quando procuro mas não acho? Do que ele se alimenta? A que energias se atrai? Pelo quê me sinto repelida? O que me faz repelente até de mim mesma? Como me impeço de acessar meu tesão? Quando fomos melhores amigas? Quantas vezes nos deixei afastar? Tenho medo dessa serpente que me escala espinha acima? Me entrego a ela? Confio nela? Me sinto merecedora desse poder? Controlo ela? Abuso dela? Como imagino uma relação saudável com ela? Converso suficientemente com meu sexo? Conheço-o tanto quanto gostaria? O que me impede, já me impediu, de mergulhar em meu ninho quente de serpente?

@laumorgado

Ser mãe, ser filha, ser uma, ser duas
cordão infinito que dá a volta na lua
laço entrelaço de mulher pra mulher
neta que ganha da vó um tricô
Dar de mamá, fazer cafuné
inventar um remédio pra dor
Ter com quem contar
pra quem voltar
um peito pra chorar
e aquela mesma briga de sempre
disfarçando o Grande Amor

    Essa arte materna
        que corre no rio das minhas veias,
        aonde vai desembocar?

Como foi meu nascimento? O que me conta minha mãe sobre o nosso parto? Qual é a versão que sempre me contaram? O que eu imagino, para além da história contada? Que imagens melhor representam o meu grande portal de entrada na vida? Transbordamentos, explosões, mergulhos submarinos, lavas de vulcão? Brisas de verão, risadas de criança, águas morninhas, beijos de paixão? Trago alguma memória soterrada desse acontecimento? Vivi traumas que se refletem até hoje? Se eu pudesse voltar ao meu próprio nascimento, o que eu faria para cuidar, participar, melhorar aquela situação? Consigo encontrar uma forma de perdoar essas escolhas e atitudes? Como posso acolher o que aconteceu nos meus primeiros minutos fora do ventre?

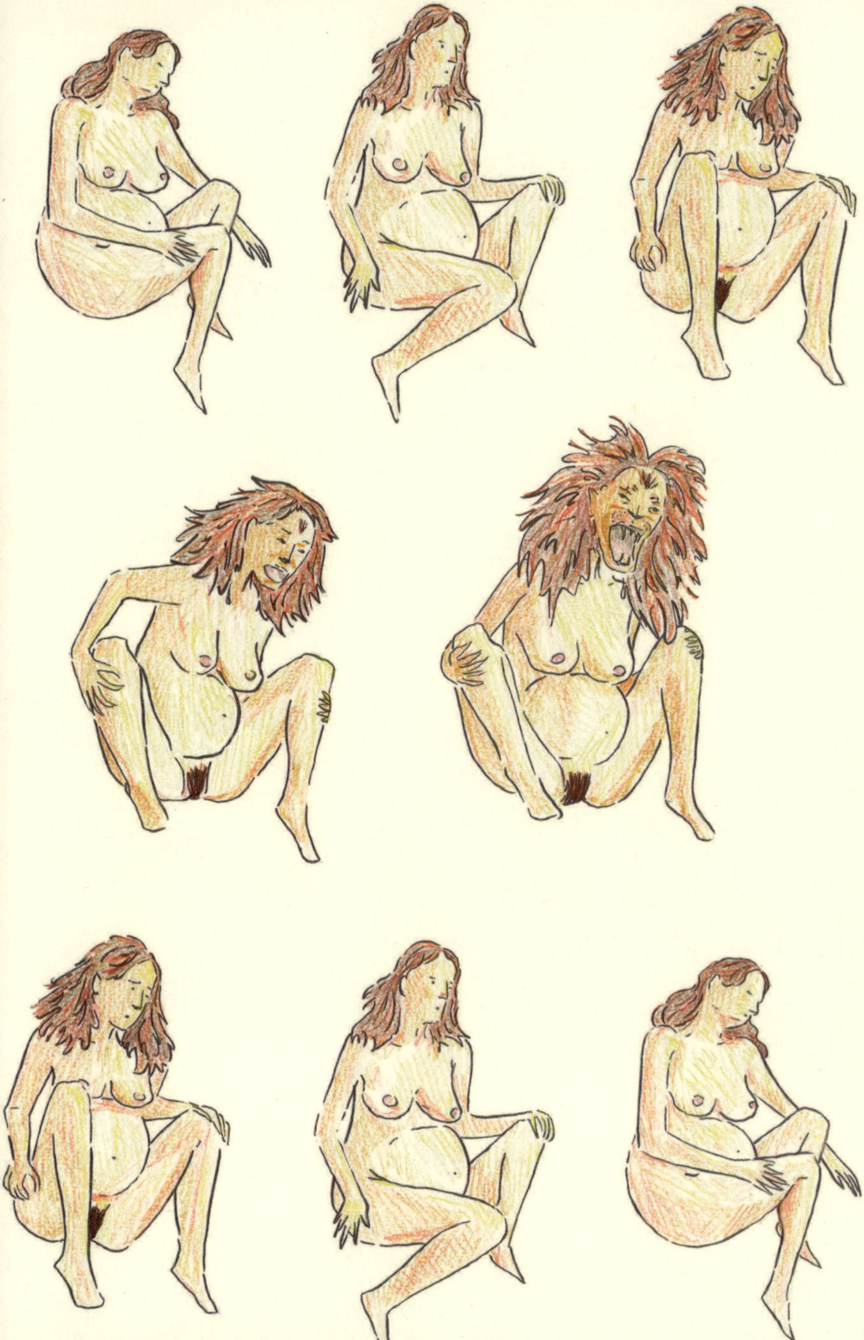

TODAS AS MAGIAS QUE APRENDI COM MAMÃE

TODAS AS QUE INVENTEI COMO MÃE

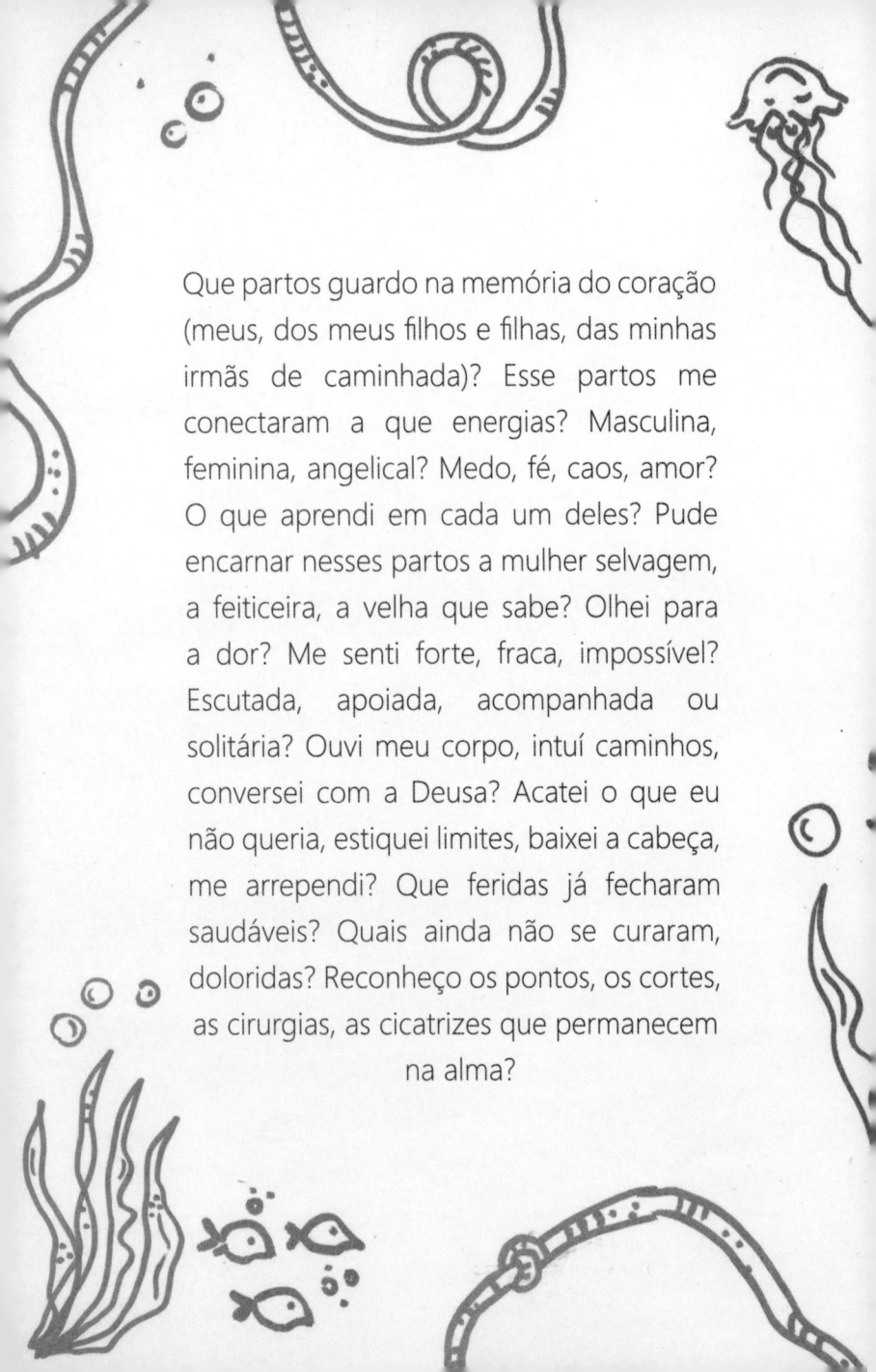

Que partos guardo na memória do coração (meus, dos meus filhos e filhas, das minhas irmãs de caminhada)? Esse partos me conectaram a que energias? Masculina, feminina, angelical? Medo, fé, caos, amor? O que aprendi em cada um deles? Pude encarnar nesses partos a mulher selvagem, a feiticeira, a velha que sabe? Olhei para a dor? Me senti forte, fraca, impossível? Escutada, apoiada, acompanhada ou solitária? Ouvi meu corpo, intuí caminhos, conversei com a Deusa? Acatei o que eu não queria, estiquei limites, baixei a cabeça, me arrependi? Que feridas já fecharam saudáveis? Quais ainda não se curaram, doloridas? Reconheço os pontos, os cortes, as cirurgias, as cicatrizes que permanecem na alma?

Quando eu pari, quem nasceu?
Quem morreu?
Quem chegou?
Quem partiu?

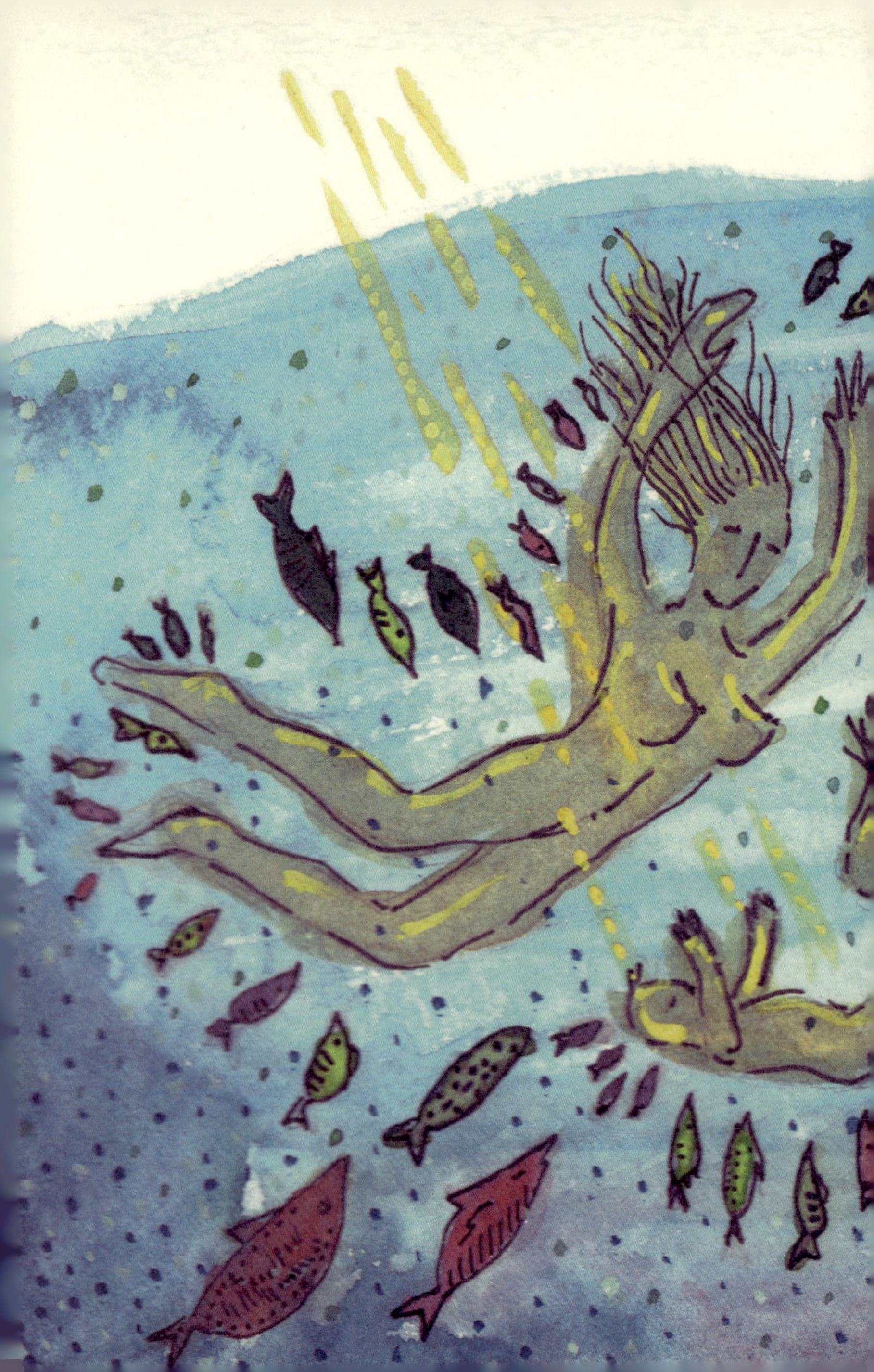

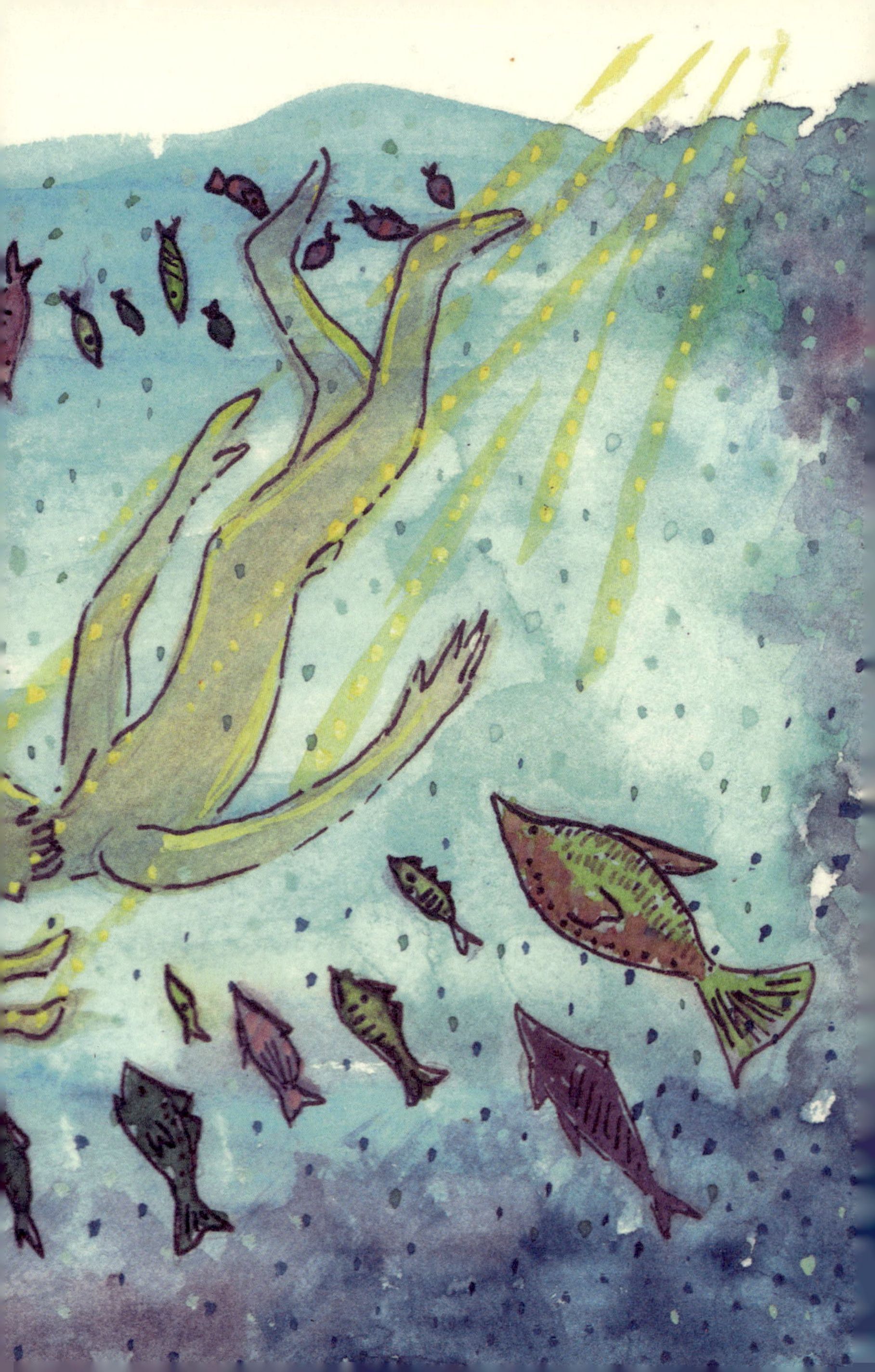

O parto seguido da morte foi o meu maior portal. Atravessei de volta para mim e não achei a placa de retorno durante muito tempo. Era tudo tudo óbvio, só o que importava de verdade e nada mais. Os dias se tornaram uma sucessão de minutos acordada por dentro, mesmo que eu parecesse estar em constante estado de sonho. Eu era no meio do caminho. Minha filha, ainda ligada a mim por um cordão umbilical invisível, habitava outro mundo e eu morava lá e cá. Eu queria escrever agora que a arte me salvou. Mas isso não é verdade. Eu já estava um pouco salva. Eu ouvia bem, sabia bem como viver aquela morte. Não tinha outro jeito de atravessar, senão pela arte. A arte como ritual de cura. E não tinha uma arte certa, um ritual certo, um luto pré determinado. O jeito era inventar e inventar de novo. Uma manta bordada contando a nossa história. Uma boneca costurada tortinha pra satisfazer a saudade dos braços e para ter um narizinho minúsculo para beijar. Árvores plantadas no sangue da placenta. Um livrinho de preces e poemas para as madrugadas insones. Fogueiras de fogo e fogueiras de flor. Todas as imagens marcantes, do hospital, da gestação e do luto botadas pra fora do jeito que dava - feias, tristes, emocionantes, doces. Minha filha me relembrou o que minha alma já veio sabendo: tenho uma missão de contar as histórias que me tocam, de compartilhar meu olhar delicado, de me dedicar, de me devotar a esse rio que corre dentro mim, e que corre no entre de todas nós.

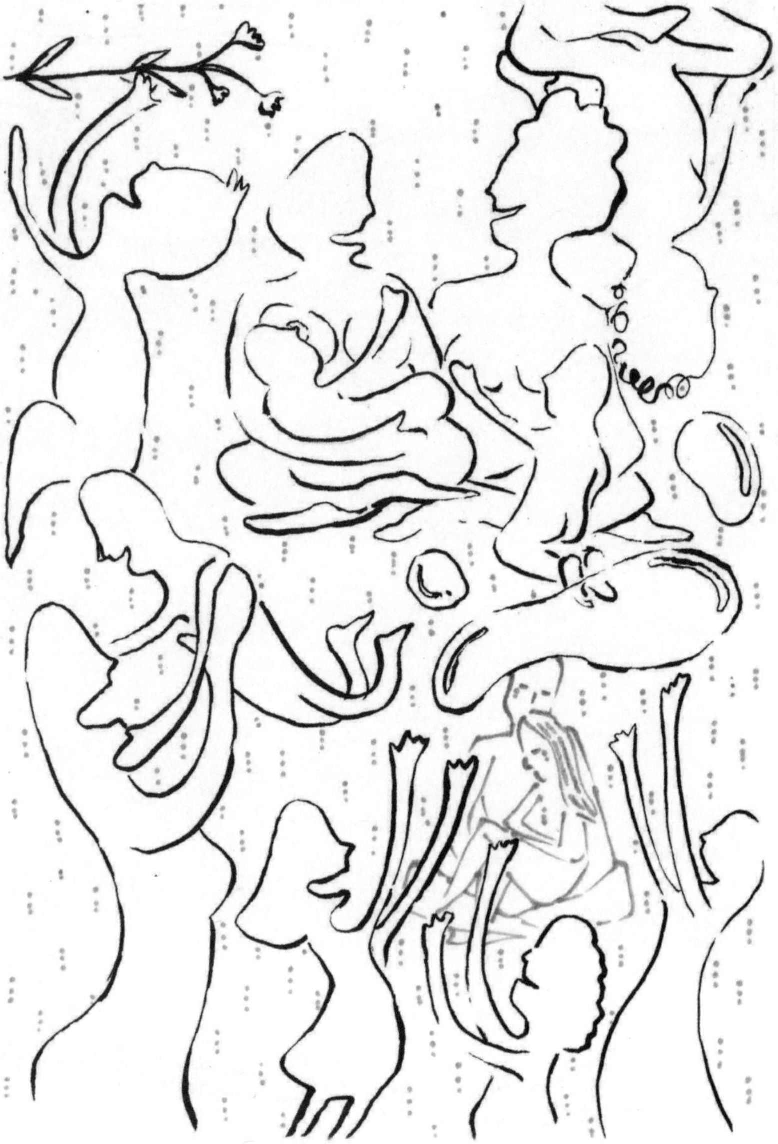

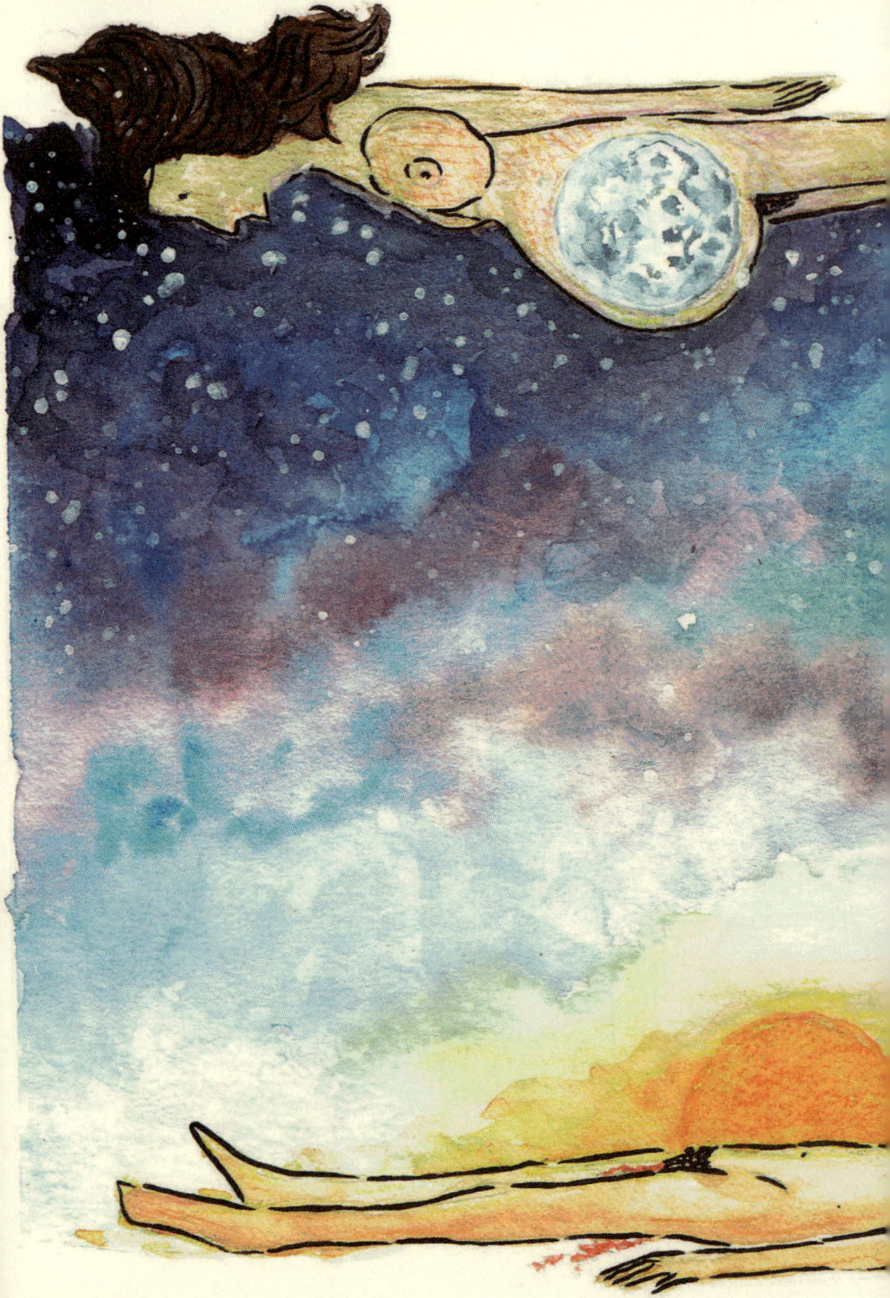

Quando a vida vem,
mas nao era pra ser
Quando eu queroqueroquero,
mas a vida não vem
Quando ela veio sim,
mas logo ja se foi
Quando ela veio com tudo,
me pegou de surpresa
e eu disse não
Quando ela vem,
mas não chega, não basta,
não preenche o coração
Quando ela chega inteirinha,
perfeitinha
mas sem pulso no cordão,
sem abrir o pulmão,
azuis os dedinhos da mão
Quando só se ouve um choro,
o da mãe

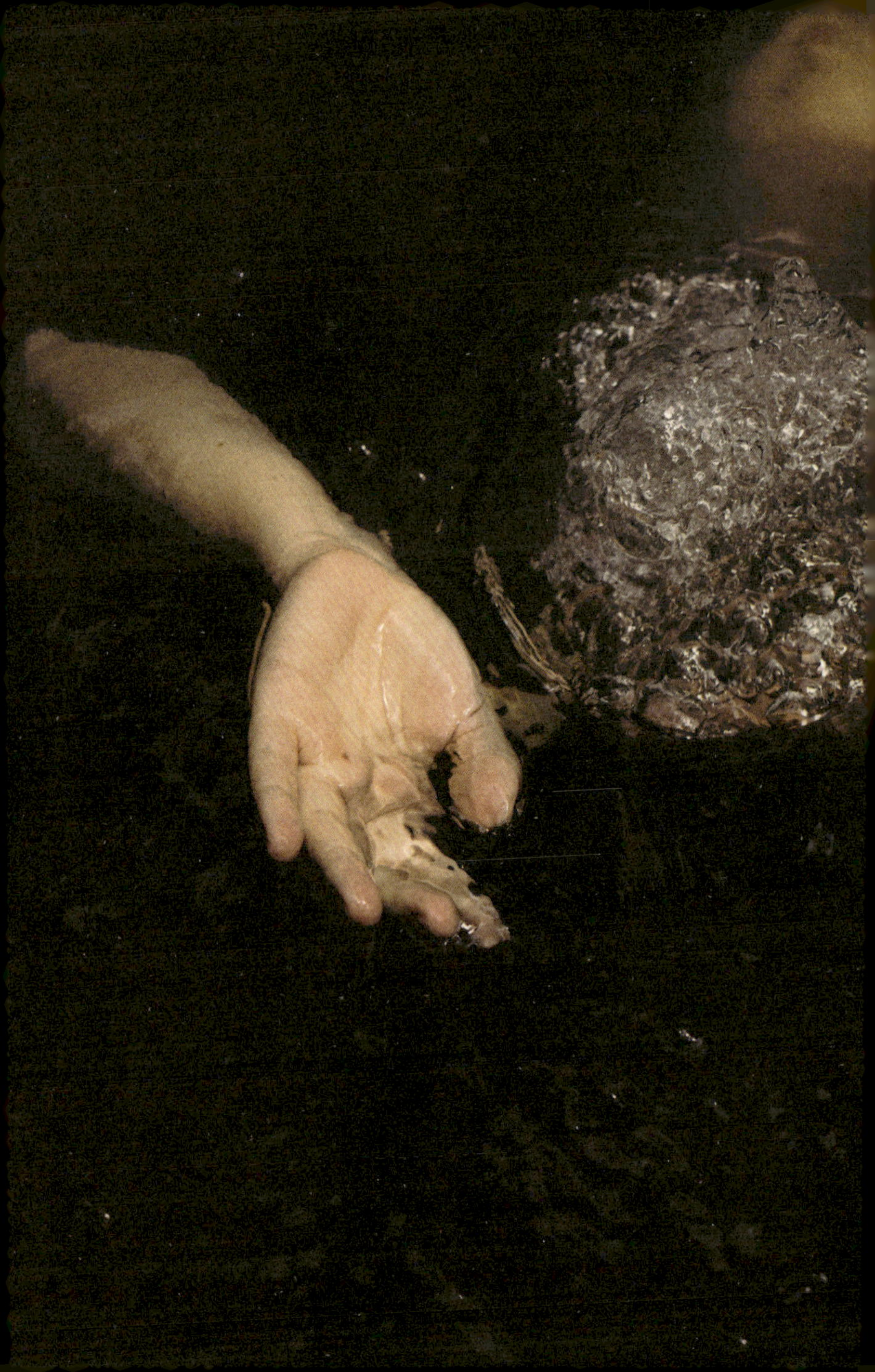

Há magia na morte?
Há beleza no luto?
Há vida na perda?
Quem sou eu agora?
Quem nasceu dessa vez?
O que floresce depois do fim?

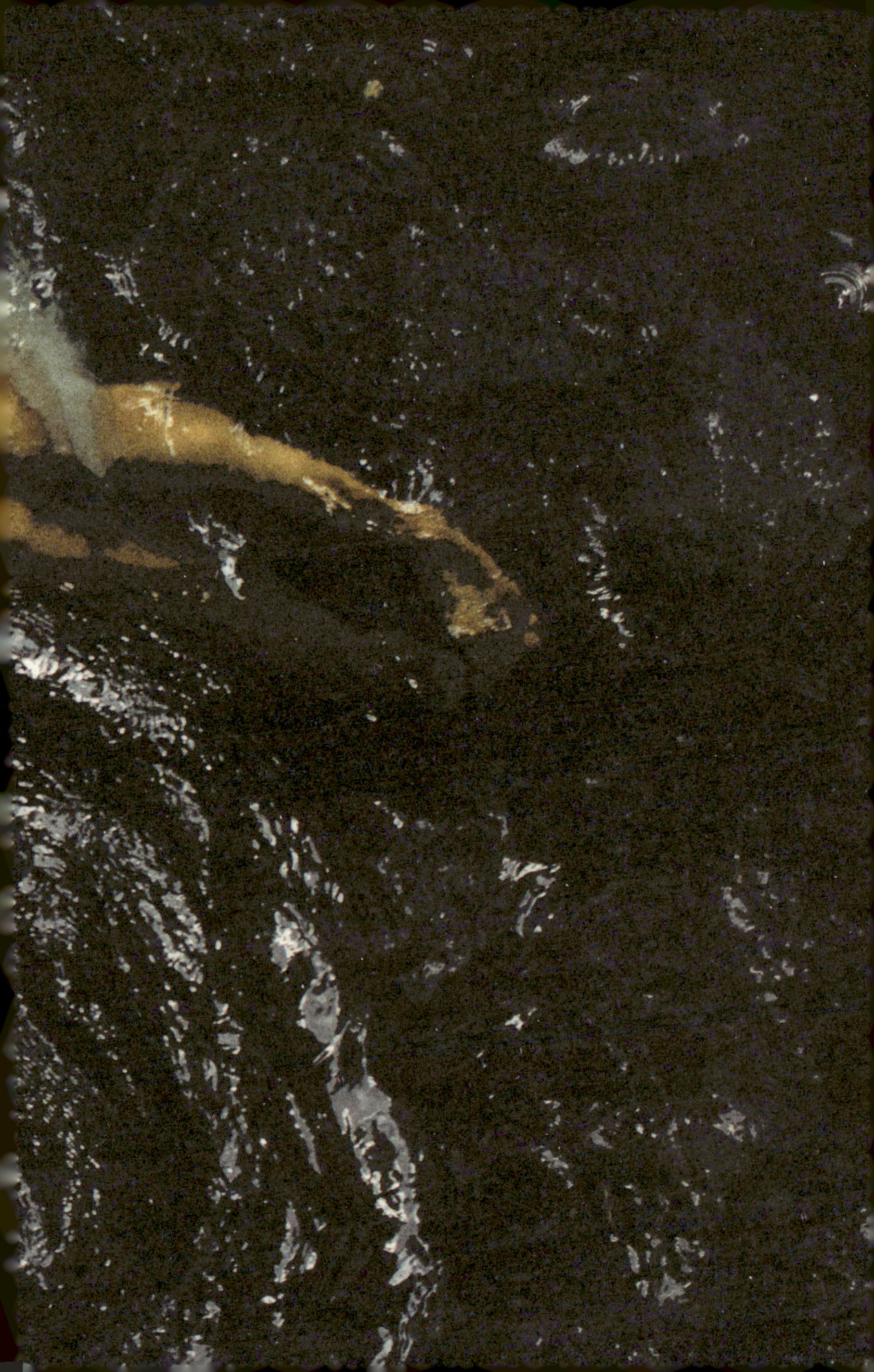

Para onde me levaram
os portais de vida-morte-vida
que já atravessei?
O que aprendi sobre mim,
quando estive do outro lado?
O que me trouxe de volta?
O que de mim ficou lá?

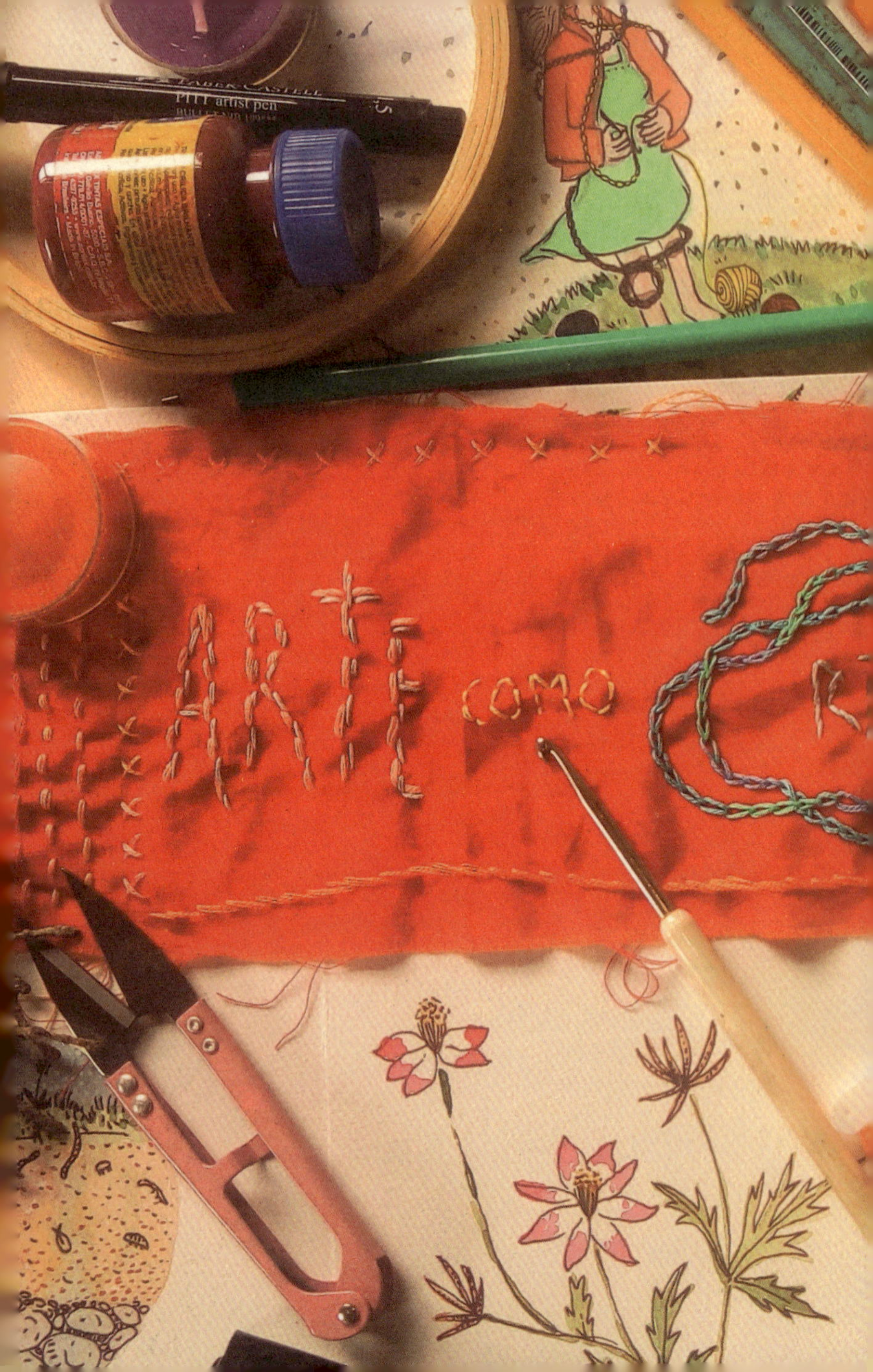
FABER-CASTELL
PITT artist pen
ARTE
COMO

AL de CURA

Quero escrever todo dia
bordar um pouco toda tarde
escolher as mais belas perguntas
e pintá-las bem GRANDE e colorido
Quero imergir de novo e de novo
visitar todos os dias a minha gruta
ficar feliz e satisfeita
com o progresso do meu fazer
parar pra descansar e admirar o caminho
aceitar minhas curvas, meus montes e vales
mergulhar quando a água surgir
aqui na superfície pra me buscar

QUERO NADAR em PRAZER
CONVERSAR COM MINHAS MULHERES
PESQUISAR, LER, Me INSPIRAR
PODER CAMINHAR SOZINHA
E Me OBSERVAR NAS PLANTAS
QUERO ME ENGRAVIDAR
DE PROJETOS E DESEJOS
E PARIR TODO DIA UMA PARTE
QUERO FICAR BÊBADA, GORDA
TARADA, DESBOCADA, DELIRANTE
ENTUPIDA DE ARTE

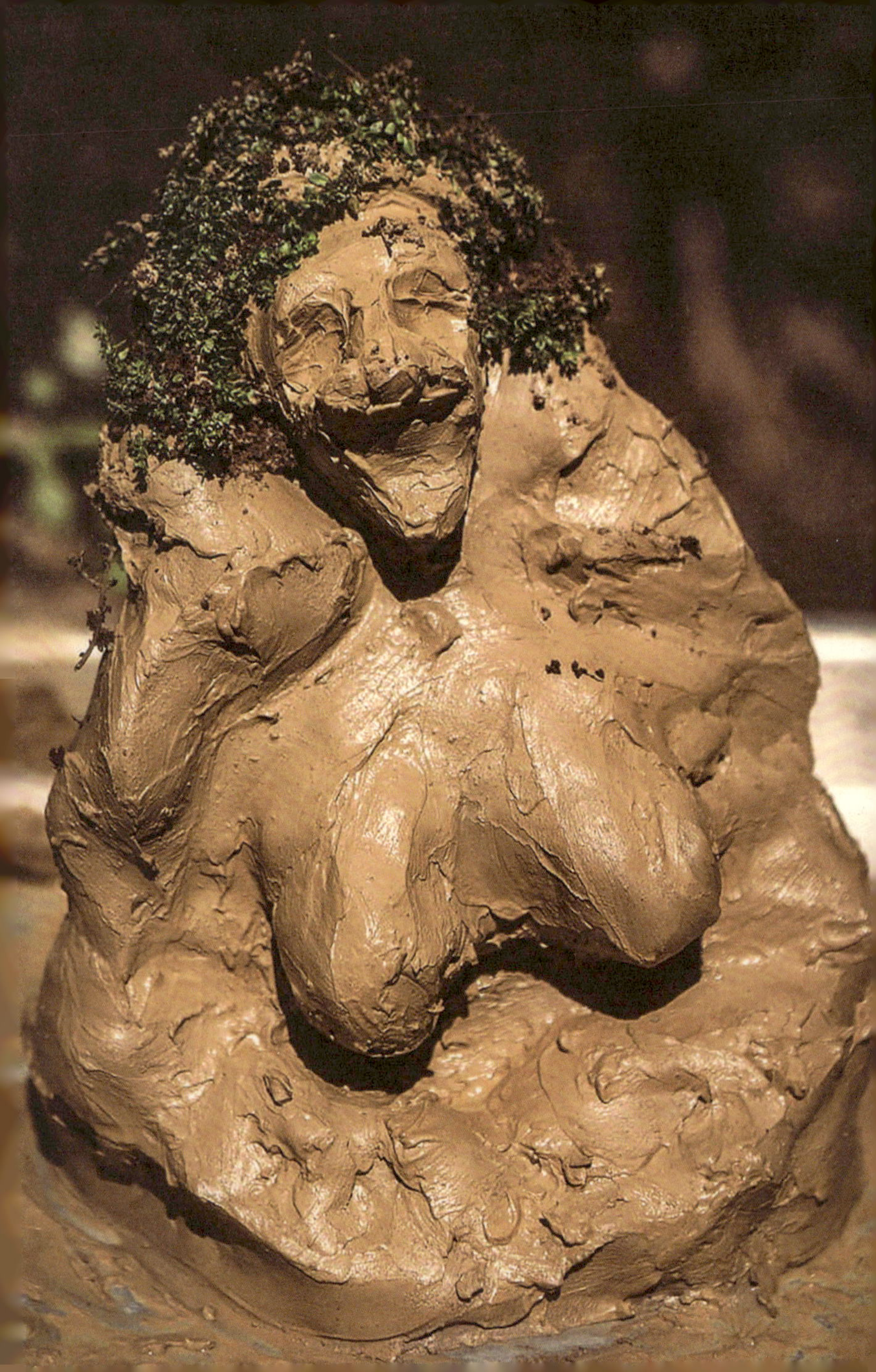

@padaursa

Quais são minhas artes que sempre me curam? Como elas me curam? O que acontece comigo quando desejo criar, mas não consigo? Aonde foi que inventei que certas artes não são pra mim? Que limites criei que me impedem de me aventurar? Quais são os meus rituais de fazer arte que cura? O que eu gostaria de experimentar mais? O que fazer arte me traz? Com o quê isso me reconecta? Porque fujo disso? O que me ajuda a lembrar? O que me traz coragem para voltar? De que jeitos conecto com a intuição e o corpo ao fazer arte? O que acontece comigo durante essa cura criativa? Como minha mente ainda atrapalha? O que crio quando me entrego para estas artes? Como cuido, guardo, apresento, compartilho o produto final dessa entrega?

Como posso melhorar minha relação com todo esse processo? Como preparo meus rituais artísticos? Que intenções coloco? Que perguntas me faço? O que faço para me tranquilizar, para me entregar, para me permitir mergulhar? O quão consciente e desperta fico durante o ritual? No que penso enquanto crio? Como me sinto quando acaba? Qual a qualidade das minhas opiniões? Como avalio o resultado? Como me julgo? Me escondo, me mostro, me coloco pra baixo ou me sinto para cima? Aceito meus processos artísticos ou luto contra? Busco elogios? Aceito elogios? Em que momentos da vida estive mais fazendo rituais de arte curativa? O que aprendi com essa época? O que quero tornar a viver? O que me leva a mergulhar sem medo?

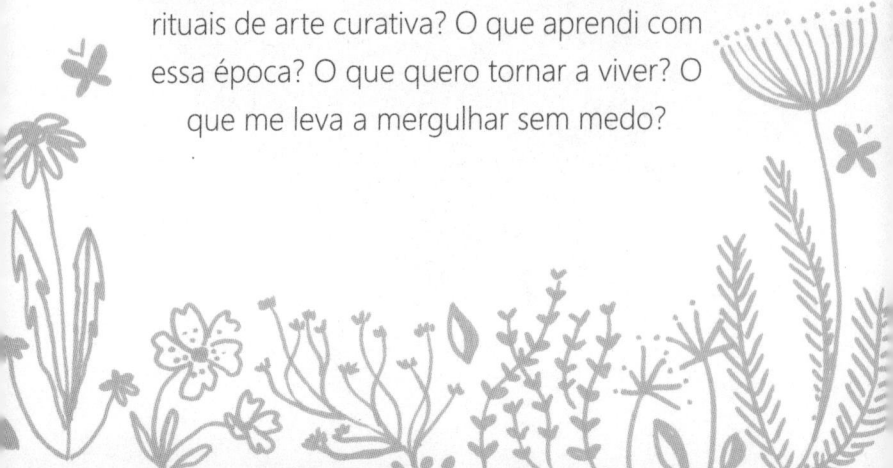

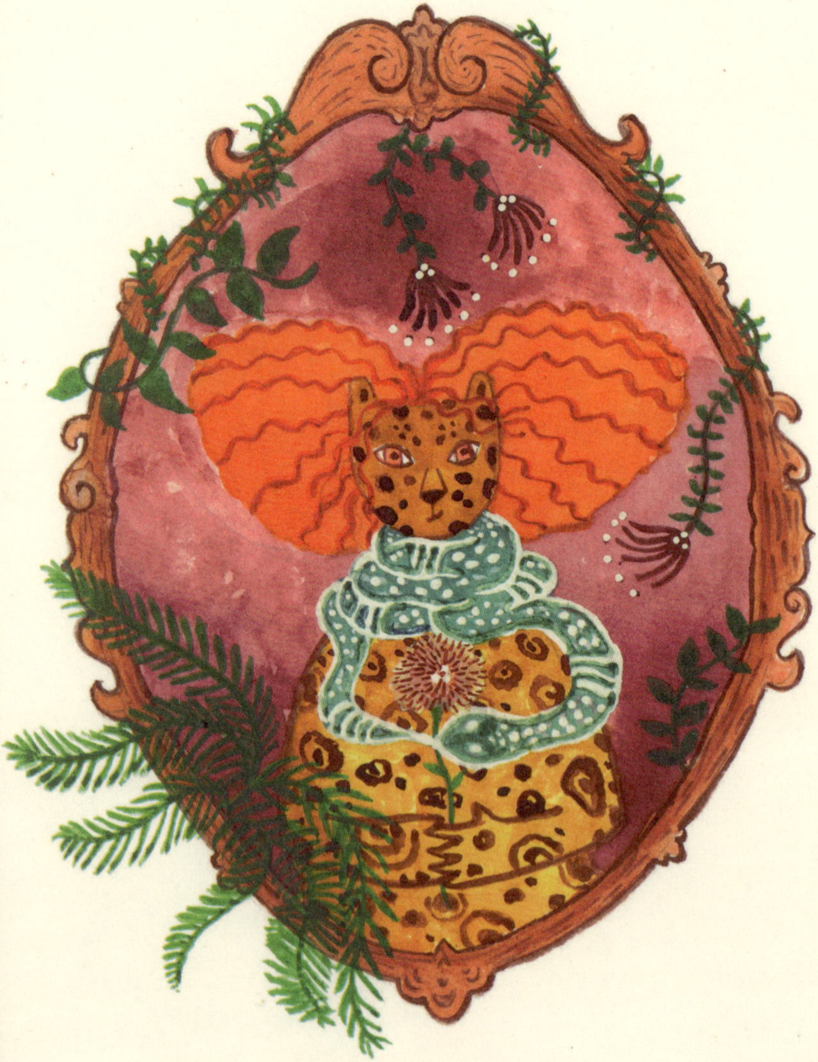

Me cuidar é um olhar no espelho, com a atenção de quem inspeciona rugas. Mas as rugas de dentro são os montes e os vales e os rios e os lagos e a lua que faz sombra na copa das árvores mais altas. Na paisagem interior, me cuidar é caminhar pra dentro da mata e conversar com os bichos. É conhecer o simbolismo da cobra, da coruja e saber ler o dialeto dos fungos nos troncos caídos. Me cuidar é uma exploração em busca de pedras preciosas, com a confiança de um estrangeiro em terras primitivas. Às vezes é também sentar no quintal olhando as galinhas. Ou brincar de pescar com as mãos os girinos das pocinhas de beira. Sair sem roupa na chuva de verão. Escalar uma árvore com um livro entre os dentes. Também é sobre brincar de pique esconde com os fantasmas e passar horas encolhida debaixo do tanque de lavar roupas. Porque nem sempre coragem é a melhor opção. Muitas vezes, a floresta só quer que eu fique do lado de fora, ouvindo seus ruídos e rugidos. Observando, fazendo companhia, sem adentrar a umidade espessa dos medos e das culpas. Ela me diz: Para me cuidar com verdade, é preciso escutar com paciência e criar sem cautela. Sim, criar. Porque cada vez que eu olho no espelho é uma vez inteira e o que o espelho me pede é cada vez uma coisa.

Me cuidar, hoje, é sobre o quê?

QUE RITUAIS DE AUTO CUIDADO

ME COSTURAM DE VOLTA NO CORPO?

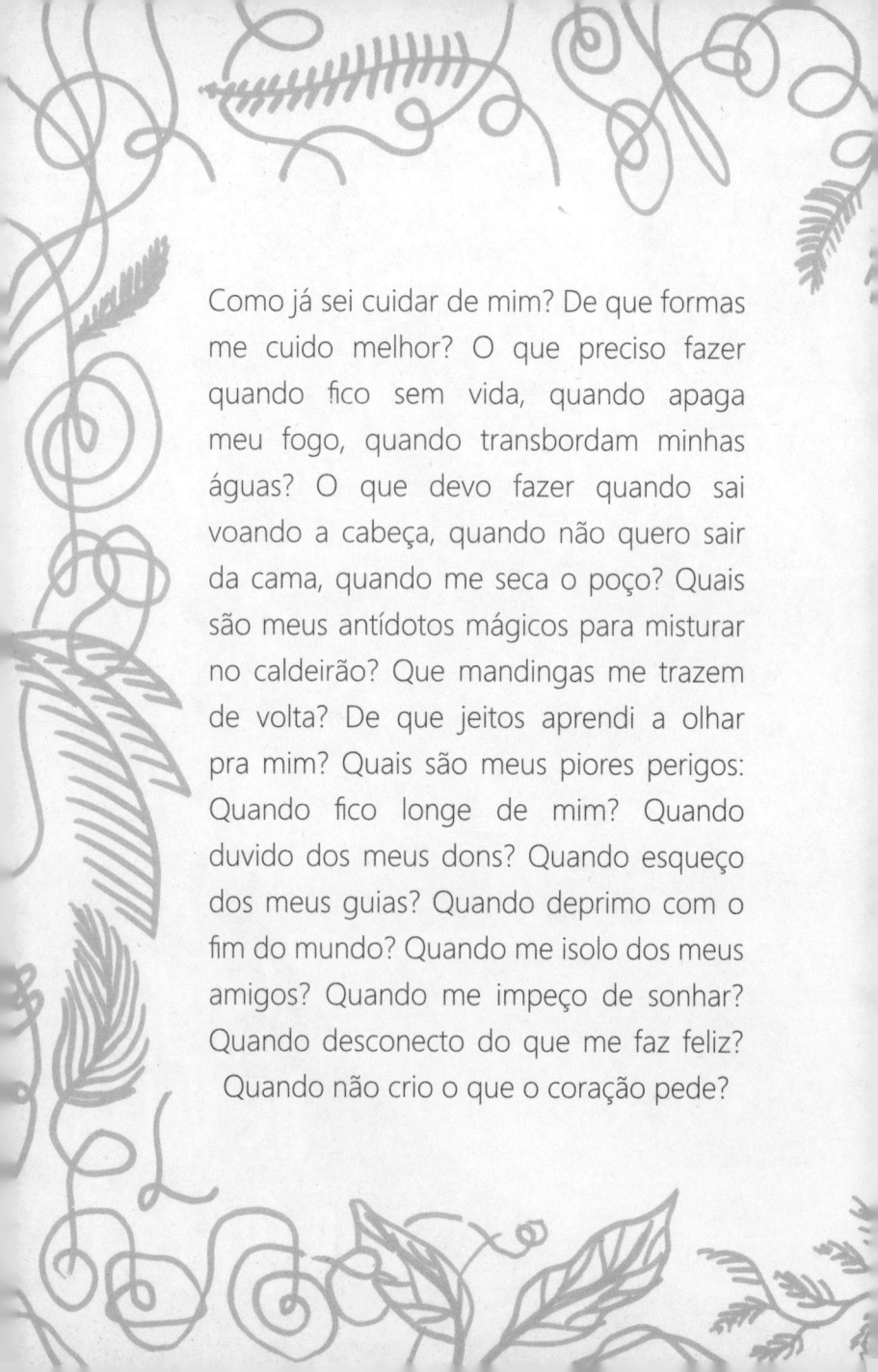

Como já sei cuidar de mim? De que formas me cuido melhor? O que preciso fazer quando fico sem vida, quando apaga meu fogo, quando transbordam minhas águas? O que devo fazer quando sai voando a cabeça, quando não quero sair da cama, quando me seca o poço? Quais são meus antídotos mágicos para misturar no caldeirão? Que mandingas me trazem de volta? De que jeitos aprendi a olhar pra mim? Quais são meus piores perigos: Quando fico longe de mim? Quando duvido dos meus dons? Quando esqueço dos meus guias? Quando deprimo com o fim do mundo? Quando me isolo dos meus amigos? Quando me impeço de sonhar? Quando desconecto do que me faz feliz?
 Quando não crio o que o coração pede?

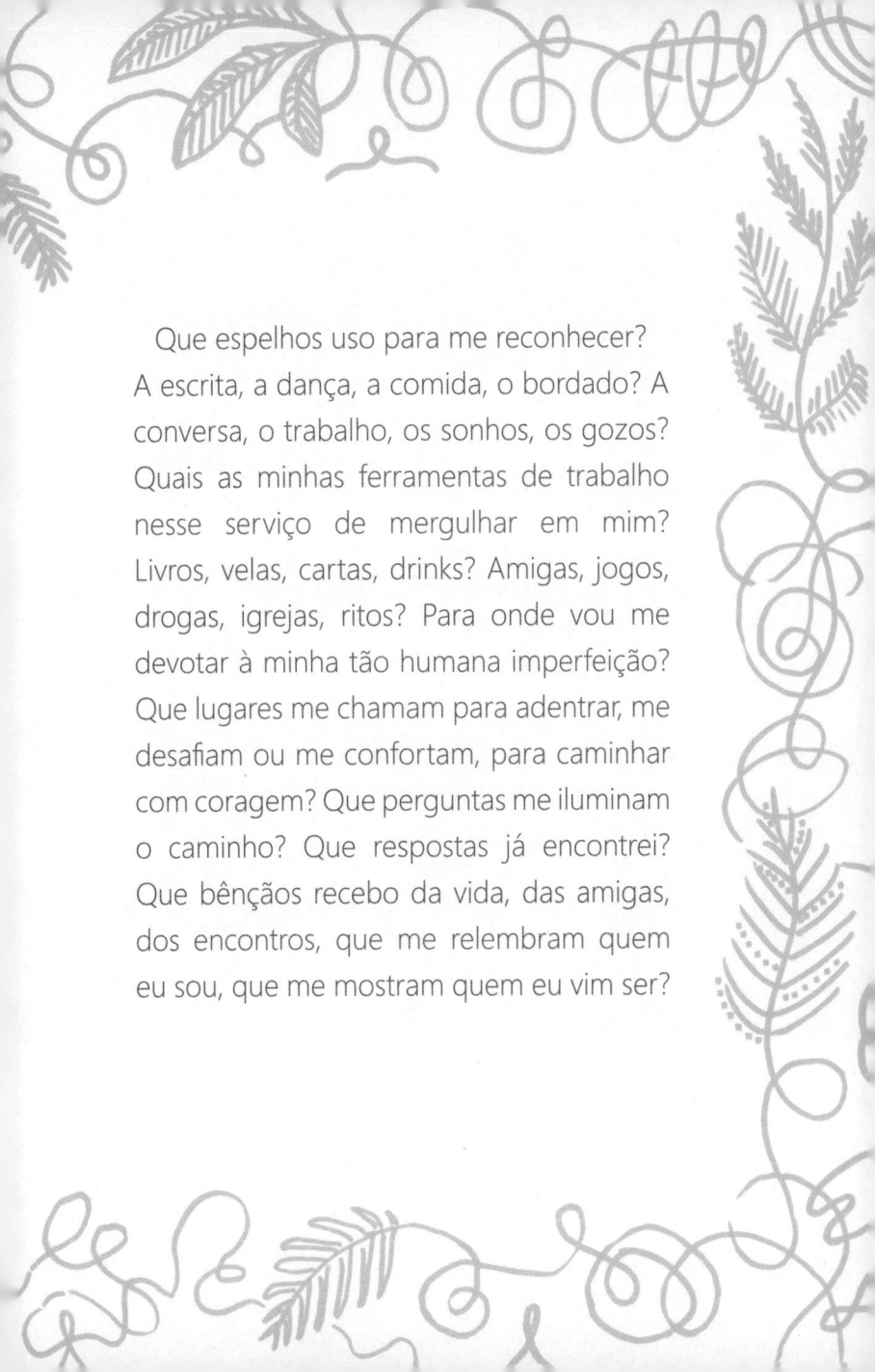

Que espelhos uso para me reconhecer? A escrita, a dança, a comida, o bordado? A conversa, o trabalho, os sonhos, os gozos? Quais as minhas ferramentas de trabalho nesse serviço de mergulhar em mim? Livros, velas, cartas, drinks? Amigas, jogos, drogas, igrejas, ritos? Para onde vou me devotar à minha tão humana imperfeição? Que lugares me chamam para adentrar, me desafiam ou me confortam, para caminhar com coragem? Que perguntas me iluminam o caminho? Que respostas já encontrei? Que bênçãos recebo da vida, das amigas, dos encontros, que me relembram quem eu sou, que me mostram quem eu vim ser?

nas minhas mãos cabem
um passarinho ferido
um coração perdido
um recém nascido
você:
minha amiga sorrindo
seus cabelos compridos
nas águas geladas do rio
eu te bendigo

DO QUE É FEITO UM BENZER?

Minha amiga, eu abençoo os seus caminhos.
Invoco para você: paz de espírito, sabedoria, saúde, caminhos abertos. Vivifico a palavra compaixão na sua vida, para que você tenha compaixão de si mesma, dos seus medos e inseguranças.
Que você seja generosa e amável com você mesma. Que consiga perceber toda a magia e prosperidade que já existem na sua vida. Que você faça aliança com a gratidão. Que possa valorizar sua vida, seu corpo, seu trabalho, sua arte, seus dons. Que tudo isso esteja ao alcance dos seus olhos.
Eu bendigo o seu Agora.
Eu declaro que Agora você é capaz de tomar todas as decisões importantes na sua vida.
Eu invoco a presença da fé, da firmeza no amor. Da consistência e da constância, para que dia a dia você escolha colocar mais energia no seu Sim do que seu não. Invoco todas as suas proteções e aliadas. A presença de todos os seus mestres e professoras.
Que suas inspirações estejam perto.
Eu abençoo a sua missão nessa vida, o seu propósito, seus talentos, seu autodesenvolvimento, sua autocriação. Desejo que você possa criar uma vida cada vez mais linda, em comunhão com seus desejos. Te desejo ousadia. Coragem para sonhar e materializar o que você quiser. Desejo que o dinheiro flua na sua vida, que nada seja um impeditivo para que você viva seus sonhos.

Desejo que você seja
amorosa com você mesma,
que seja sua melhor amiga,
sua grande companheira.
Que seu propósito e sua conexão
com a Deusa, com o divino, com o
milagre que a vida é, que essa conexão
seja sua grande aliada nessa missão
de estar viva nesta terra.
E que você possa sentir muito prazer.
Muito prazer por ser quem você é,
por estar viva.
Que você tenha muita muita confiança na
preciosidade dos seus dons de criar vida.

Eu te bendigo pronta.

Está feito
Está feito
Está feito
Que assim seja,
que assim se faça,
e assim já é.
Mostre-nos.

@nathalialimaverde

Guardei um espaço para você
receber bênçãos, carinhos,
elogios, poesias, presentes,
rezos e beijos das suas
irmãs brujas

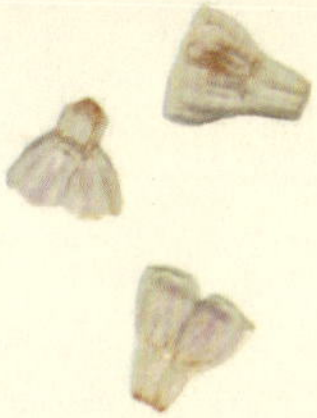

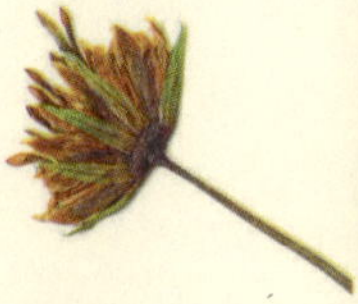

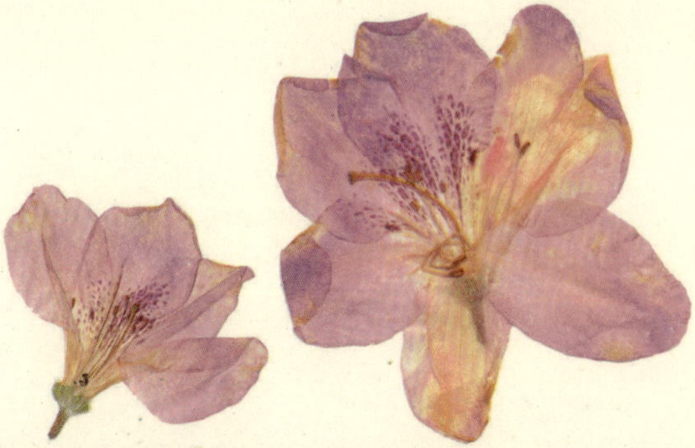

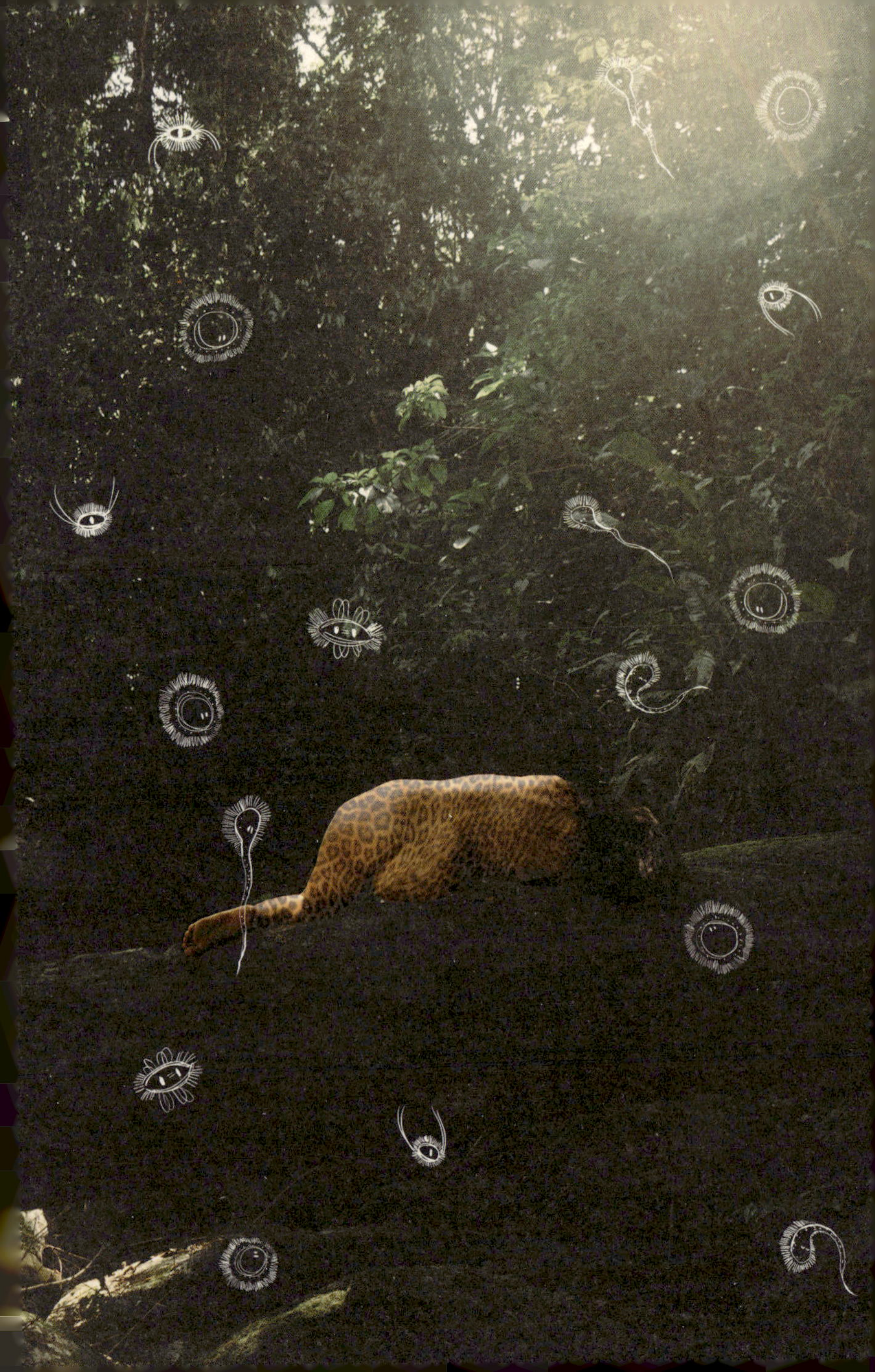

Aos Espíritos do Ritual

Obrigada por responderem meu chamado,
quando peço e quando esqueço
(achando que estou sozinha).
Obrigada por sussurrarem
com vozes de brisa e assobio de pássaro
o que devo fazer a cada passo.
Obrigada por toarem seus tambores
na batida dentro do peito.
Isso me ajuda a sentí-los ao redor,
dançando comigo a nossa canção.
Obrigada por cuidarem do meu transe, atentos,
respeitosos, pacientes
e por me nutrirem de satisfação
depois que tudo está feito.
Vos peço que continuem vindo, cantando, girando,
me lembrando que eu nao preciso saber,
prever, planejar, pra poder viver
porque meu Ser é do mundo de vocês
e ele sabe se entregar
e ele sabe intuir
e ele sabe se criar.

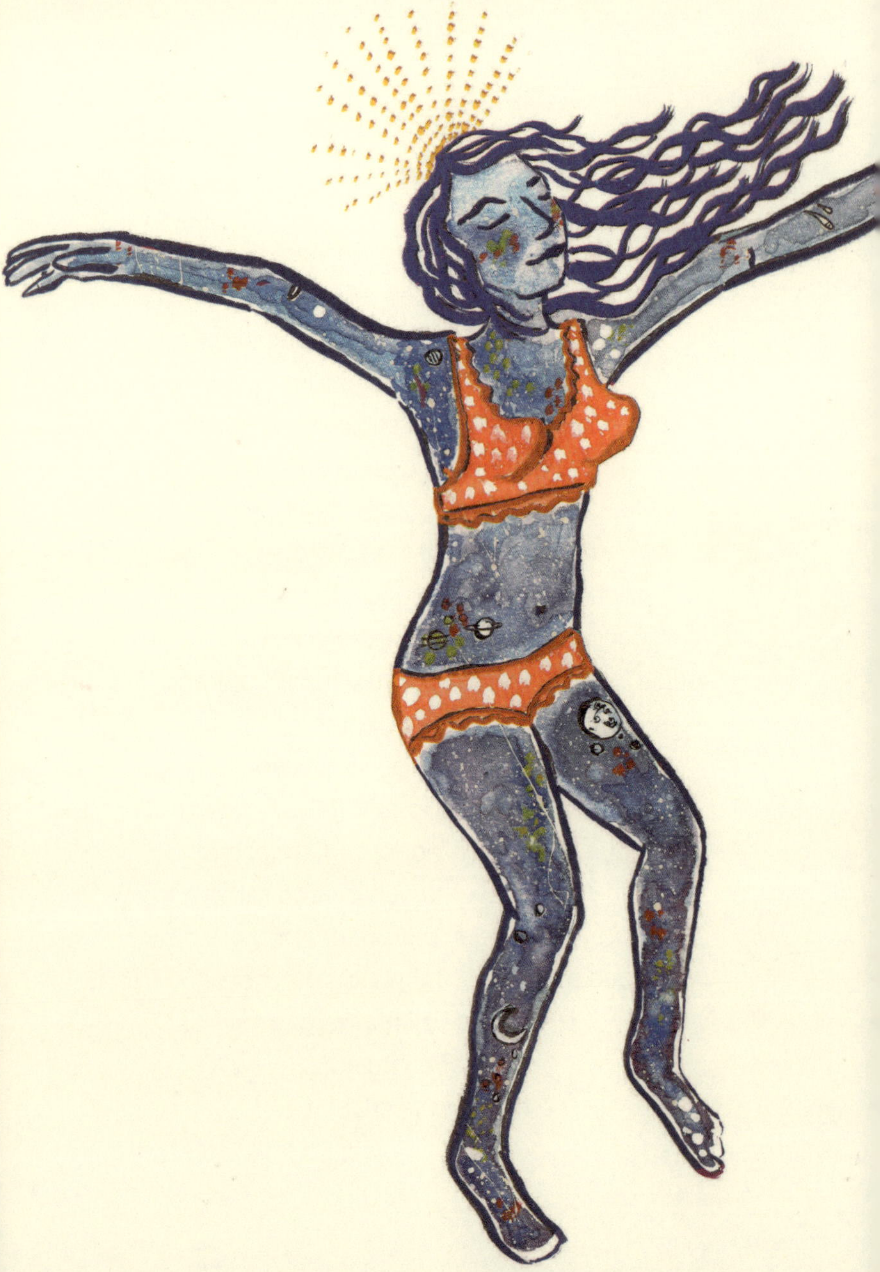

Um ritual inventado não carece de muita explicação. A gente sabe o poder que ele carrega, mesmo que nunca falemos disso em voz alta. Mesmo que a gente tenha passado toda a vida sem reconhecer seu valor, o ritual inventado é bruxaria autodidata pura. Quando crianças, éramos mestras. Eu era capaz de descobrir cada dia um novo ritual de magia invisível. Talvez a gente tenha tido vergonha de contar para alguém. Talvez nossos primos rissem de nós, e fomos deixando eles de lado. Mas me explica o que tem de ridículo em inventar um polvo no topo da cabeça para se sentir mais protegida? O que tem de bobo em escrever uma carta de amor para alguém que ainda não existe e guardar debaixo do travesseiro? Afinal, o que tem de estranho em pedir ajuda dos seres de luz ao nosso redor quando a gente se sente em perigo? Ou dançar sozinha flutuando no seu universo interior para se sentir mais conectada com os espíritos das estrelas? Você também tem seus rituais. É que às vezes eles são tão pequenos e simples, que nem consideramos sua potência em nos acalmar, nos conectar, nos proteger, nos salvar de nós mesmas. Se você nunca experimentou contá-los para suas amigas, recomendo. Você vai ganhar os delas de presente, para usar nas suas próprias poções para o resto da vida. Eu proponho que a gente comece uma coleção. Os das próximas páginas são alguns rituais inventados que recebi de amigas-mestras. Insira também as suas próprias figurinhas e um dia podemos todas trocar álbuns e ter acesso às magias mais poderosas inventadas pelas maiores magas da nossa época: nós mesmas.

INTENÇÕES

Ao começar dias importantes, você pode trançar seus desejos e intenções nos cabelos. Os cabelos são antenas que nos conectam com o mundo espiritual.

CURA

Para doenças, feridas e para machucados da alma, imaginar uma colméia de abelhas trabalhando nos órgãos e nas partes do corpo que estão adoecidos.

ENERGIA

Para aumentar a energia em si mesma ou em outra pessoa, criar uma fogueira invisível e assoprar energia vital até que o corpo esquente. Útil para dias cinzas e para energizar pessoas acamadas.

PROTEÇÃO

Ao caminhar por lugares desconhecidos, ou em situações de medo, criar um polvo que protege seu chakras superiores e impede que energias negativas entrem pelo terceiro olho e contaminem seus pensamentos.

DÚVIDAS

Quando em dúvida sobre uma decisão importante, consagrar a água e pedir a sua ajuda. Ao beber, escutar com os ouvidos de dentro as respostas que surgirem em palavras, ideias, cores e sensações.

CURA PLANETÁRIA

Feche os olhos, respire profundamente e faça movimentos circulares com os braços. Perceba os pontos energéticos nas palmas das mãos.

Quando sentir que uma bola de energia se formou entre as suas mãos, brinque com ela. Faça ela crescer, diminuir, mudar de cor. Encha-a de amor, paz ou cura.

Você pode soltá-la e enviá-la a alguem especial. Pode vê-la crescer até ficar do tamanho da sua cidade, seu país, do mundo inteiro. Ou você pode guardá-la dentro do seu próprio ventre.

LUTO

Para quando a saudade apertar, e o rezo não der conta. Escrever cartas para a pessoa desencarnada e queimar com fogo pedindo com seu coração para que a fumaça sagrada leve sua mensagem ao além

PODER DAS PALAVRAS

De manhã ou antes de dormir, mentalizar *Eu Abençoo e Agradeço...* e completar essa afirmação com palavras que contrariam suas crenças e medos infundados, criando então uma nova realidade
Por exemplo: Eu abençoo e agradeço que sou amada e aceita, cheia de talentos

(COLECIONE OS SEUS PRÓPRIOS RITUAIS INVENTADOS (E TAMBÉM OS EMPRESTADOS)

Hoje escolhi os rituais que tenho aprendido e inventado: escrever um texto, ouvir uma música com o máximo da minha atenção, dizer em voz alta para mim mesma como estou me sentindo, lembrar desse dia que eu vi a minha amiga Didi dançando com o bambolê de fogo no meio da mata, acender um incenso, comer algo realmente nutritivo, encostar no meu rosto e saber que eu tô protegida pela minha carne, que é frágil mas é forte e impermeável, assim como a vida que é curta mas é longa, dá pra degustar. Acho que o jeito de transformar alegria em estado maior, em algo que tá mais pra uma espécie de aura cápsula protetora, é ritualizando. Tendo coragem de querer estar em risco constante, porque só tem como aprender assim. Aprendizado é sempre um pouco doído. Minha amiga Natasha diz que curar não é deixar pra trás, e sim transmutar. Eu acho que aura de alegria é o conjunto de um monte de consciência transmutada. É ser essa cápsula energética que nutre a si e ao planeta.

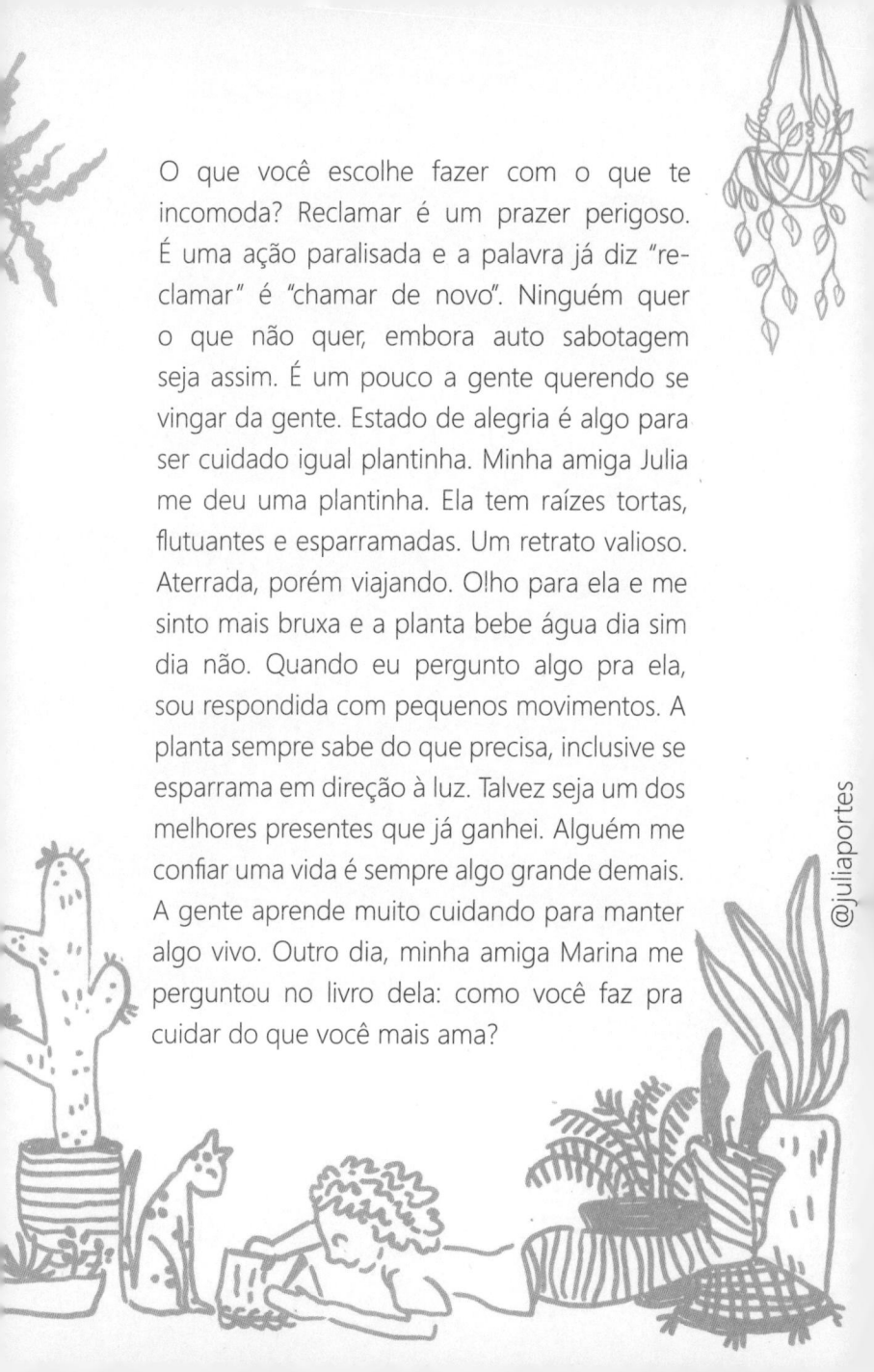

O que você escolhe fazer com o que te incomoda? Reclamar é um prazer perigoso. É uma ação paralisada e a palavra já diz "reclamar" é "chamar de novo". Ninguém quer o que não quer, embora auto sabotagem seja assim. É um pouco a gente querendo se vingar da gente. Estado de alegria é algo para ser cuidado igual plantinha. Minha amiga Julia me deu uma plantinha. Ela tem raízes tortas, flutuantes e esparramadas. Um retrato valioso. Aterrada, porém viajando. Olho para ela e me sinto mais bruxa e a planta bebe água dia sim dia não. Quando eu pergunto algo pra ela, sou respondida com pequenos movimentos. A planta sempre sabe do que precisa, inclusive se esparrama em direção à luz. Talvez seja um dos melhores presentes que já ganhei. Alguém me confiar uma vida é sempre algo grande demais. A gente aprende muito cuidando para manter algo vivo. Outro dia, minha amiga Marina me perguntou no livro dela: como você faz pra cuidar do que você mais ama?

@juliaportes

Que ritos me acompanham desde criança? Que rituais tenho gostado de inventar ultimamente? Que pequenas magias invento para me sentir mais segura, mais protegida, mais forte, mais cheia de luz? Que cordas invisíveis crio para me religar à minha face divina? Que rituais (aprendi, inventei, descobri sem querer e não abro mais mão) me ajudam a ouvir a voz da minha velha interior, da minha *abuelita sagrada*?

Por onde me fala a intuição? Seu canto me chega por quais encantos? Como diferencio sua voz, das demais? Em que momentos foi tão difícil reconhecê-la? Quando peço sua ajuda? Quando deveria pedir, mas esqueço? O que ela já me disse que eu ouvi cla-ra-men-te? O que ela tem me dito, mas tenho duvidado? O que eu penso sobre minha intuição? Como julgo minha sensibilidade? Quais são meus preconceitos sobre isso tudo? Meus receios e inseguranças? O que aconteceria se eu deixasse minha intuição tomar conta? O que essa voz me diz sobre meus poderes, meus dons, minha luz, minha medicina? O que minha intuição me fala sobre o que eu vim fazer aqui, quem eu vim ser, o que eu vim pra aprender?

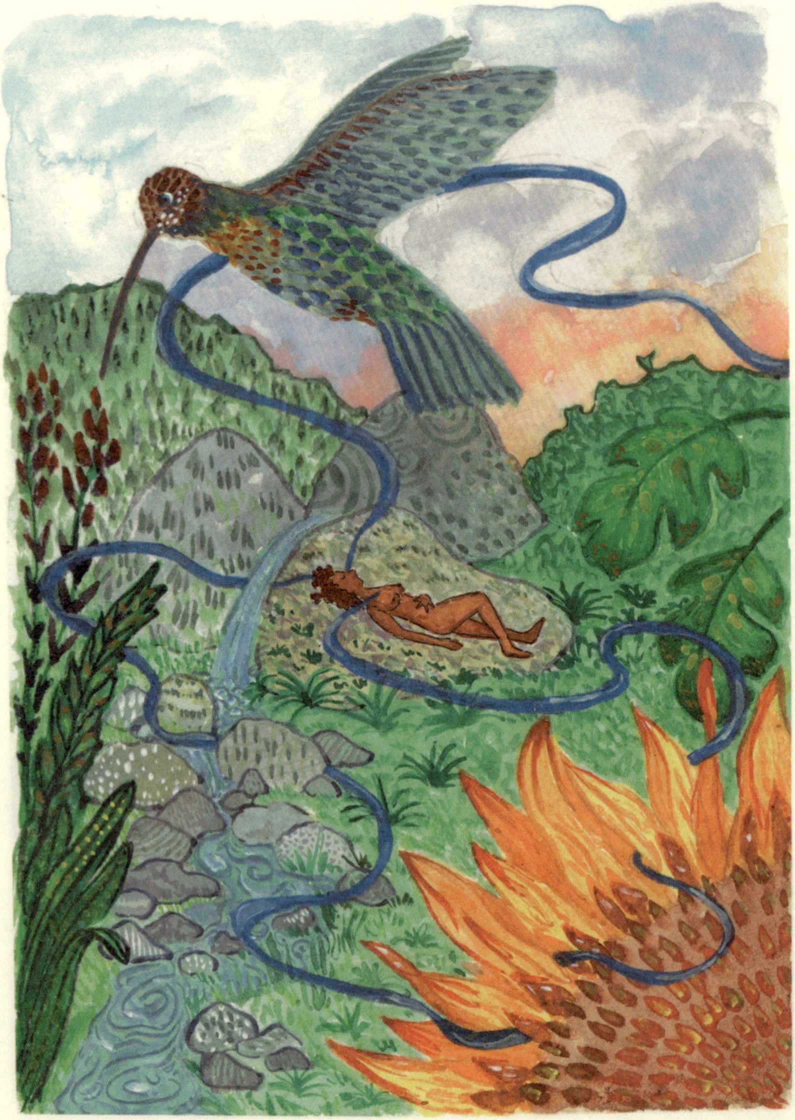

Converso com a intuição
pelo som da cachoeira,
pela geometria das flores,
pelos mistérios dos sonhos,
pelos finais dos filmes?
Minha intuição tem voz de quê?
De mar, vento, chuva ou passarinho?
Suas palavras são doces e acolhedoras
ou firmes e empoderadoras?
Em que momentos ela esteve
disponível para me ajudar?
Na hora da indecisão, do perigo,
do tédio, da paixão?
Uma palavra bem encaixada
numa conversa difícil?
Uma reação amorosa para cuidar
de quem mais precisava?
Uma escolha sensata
numa transição de vida?
Um sonho que revelou
caminhos errados,
movimentos inadequados?
Um conselho amigo
que bateu no espelho
e ficou comigo?

Já aprendi qual é
a voz da intuição que me protege,
me alerta, me prepara
e qual é a voz do medo que me impede,
me bloqueia, me desvirtua?
Como é o som, a cor, o sabor
que acompanha cada voz?
O que acontece comigo
quando não diferencio?

Eu tenho uma voz insistente que todo dia me diz algo assim: Nossa mãe, como eu sou devagar. Até hoje não sei fazer uma fogueira decente. Tenho tanto medo de errar, de experimentar e não fazer do jeito certo, que nem me permito começar. Toda alquimia me assusta, a das tintas, a dos óleos e ervas, até mesmo a dos bolos e tortas.. Eaí, ela começa a procurar culpados, na minha família, na minha criação urbanóide, e se demora um tempão a listar minhas incapacidades. Porque eu não sei rezar, nem meditar, intuir então, longe de mim todas essas habilidades sensitivas. Porque eu não tenho um Deus que me aguarda no fim do caminho. Nunca escolhi um mestre. Nem mesmo a Deusa me guarda, já que escolho quase todos os dias fazer tudo menos entrar na floresta. Tenho medo de tromba d'água na sua cachoeira, tenho medo da noite e dos bichos estranhos, em geral nem noto se temos lua. Pecado. Tenho medo de batucar no ritmo errado, medo de cantar junto e estragar o coral, medo de pedir e não receber resposta alguma, de entrar na força e não sentir nada. Tenho medo de me encontrar dentro de um círculo enorme de mulheres poderosas e não saber o que dizer. Ela, essa voz, sempre sabe o que dizer. E o que ela me diz, quase todos os dias, é que eu sou menos. Eu sou menos mãe do que a Babi, eu faço menos do que a Nat, eu nunca serei como a Carol, nem que eu tentasse muito. Costumo perder em quase todas as competições em que

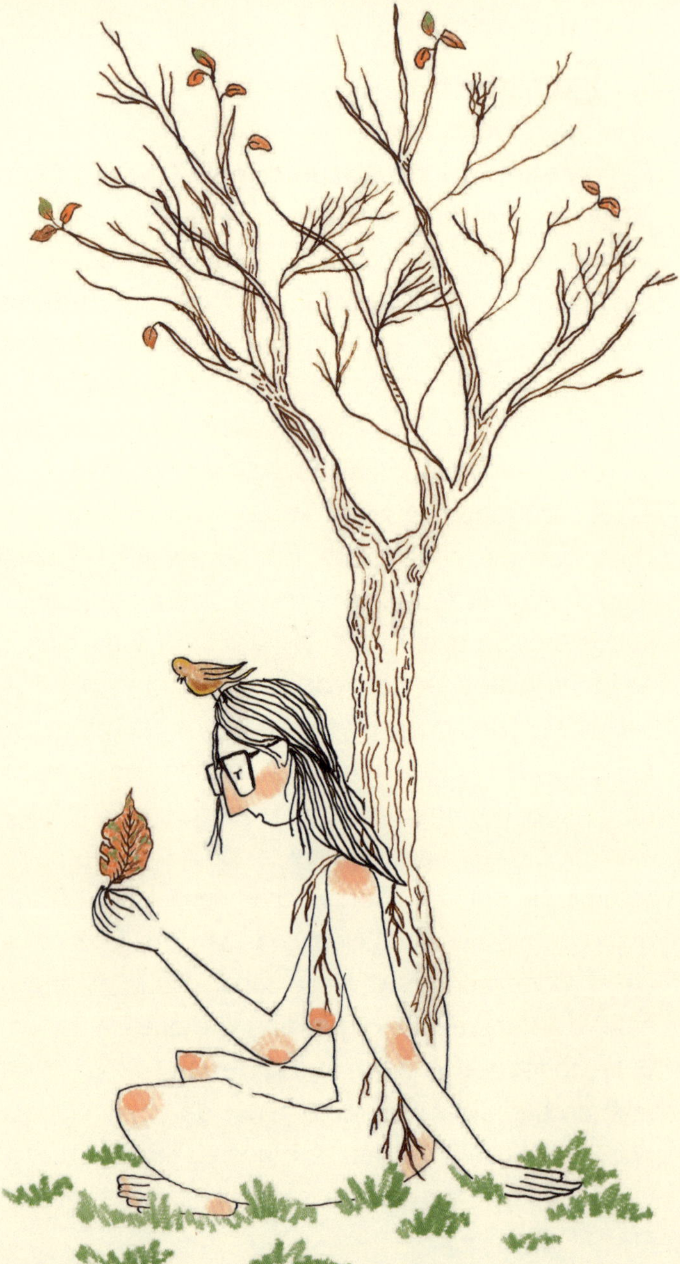

ela me inscreve: as de beleza, as de destreza, as das profundezas e das levezas. Tem dias em que ela me deixa muito brava e travo uma batalha feroz para prová-la do contrário. Tem dias que ela me ganha fácil e sucumbo a qualquer vício que ela esteja tentando me vender. Às vezes, encontro vislumbres de força e sabedoria, em que me lembro como é que se acolhe ela, como é que se escuta nas suas entrelinhas. Na maior parte das vezes, preciso fugir desesperadamente, e me recolho no colo de amigas que também tem suas próprias vozes carrascas e sabem sempre o que fazer. Então ela some por alguns dias de paz, brinca quietinha num canto de mim, só pra voltar mais tarde focada em outro aspecto da nossa sombra. Porque isso que você quer criar é muito grande pras suas habilidades, você não tem esse talento todo, não estudou o suficiente, ninguém vai acreditar em você. Ou então: melhor nem dizer esse lance praquela menina. Você não é boa nessas coisas de pedir desculpas, de agradecer, de admirar, de apreciar. Ela vai ficar sem graça, não vai compreender, vai achar isso e aquilo mais sobre a gente. Fica calada e deixa passar que é o melhor que você pode fazer por nós.
As bruxas más dos contos de fadas devem ter sido inspiradas nessa minha voz. Acho que me tornei tagarela para não ter que ouví-la tanto assim. Aprendi a fugir dentro de um livro, um filme, qualquer história

envolvente que não fosse sua ladainha. Entendi que gosto de dar escuta para as amigas, porque foco nossa atenção em alguém além de nós. E as pessoas costumam me contar das suas próprias autocríticas, suas censoras interiores. Então coloco as duas pra brincar de brigar sozinhas enquanto eu e minha amiga vamos falar nossas verdades verdadeiras lá no quintal.

Já tentei muitas formas diferentes de conversar com essa voz. Já me ensinaram a escrever suas falas prediletas, a listar seus venenos, a responder com empatia, a imaginar suas roupas e personalidade, a zombar das suas histerias. Também já entendi que ela é, na verdade, uma menina frustrada. Chateada, solitária, traumatizada e talvez um pouco mimada. Mas na sua versão malvada, essa minha censora esnobe, toda bela com seus peitos e coxas perfeitas, ainda se acha muito melhor do que eu. E tendo a acreditar nela, mais vezes do que não. Que cansaço! Mas estou aprendendo, percebo enquanto escrevo, aprendendo lentamente, a caminhar sem ela, apesar dela, na frente dela, amando ela também. Estou aprendendo: a respirar nela, a integrá-la ou ignorá-la, a rir de mim (junto com ela) e, rindo, convidá-la pra dançar. Estamos praticando esse bailado, um pouquinho a cada ciclo, a cada lua, a cada vale, descobrindo quem guia e quem segue. Quem toma conta do salão e quem, escondidinha no canto, descobre onde fica a caixa de som e aprende a baixar o volume quando precisa.

O que você faz quando sua censora está gritando mais alto que o trânsito lá fora? Que tipo de asneira ela buzina no seu ouvido? Com que frequência você cai na sua lábia? Quão cansativas são suas discussões? Quão sangrentas as suas batalhas? Quão submissas ou reativas suas respostas? Que padrões você já reconhece? Que saídas já encontrou? Que feridas ela te mostra? Por quais mágoas ela te culpa? Como você cuida dessa sua menina? Como você faz para silenciar a crítica e ouvir somente a abuela que tudo sabe? Me ensina?

La Abuela de Copas

Um oráculo, um tarô, um mapa natal,
um sinal divino que me ajude a compreender
aonde estou e para onde devo seguir
que me mostra a decisão correta que eu já sei qual é
mas tenho vergonha e medo de assumir
Os adivinhos são um canal
para o meu próprio ser se expressar
Eles me falam exatamente o que eu quero ouvir
Então eu decido, se vou para lá ou para cá
porque vejo nas cartas aonde meu corpo quer ir
É uma mensagem de dentro para fora
um bilhete de mim para mim
Acredito assim: É como um voto de confiança
no meu poder de tudo saber
É crer na conexão fluida entre o Todo e o meu Ser
É reaprender que não existe fora, que não existe mestre
Quando me escuto, quando chego mais perto
percebo que não existe errado e não existe certo
Eu queria saber fechar os olhos
e tudo ver, tudo entender,
eu queria saber só existir
Mas reconheço que ainda preciso de uma ferramenta,
um jogo, uma runa, uma dica,
uma miração,
um espelho,
pra poder me traduzir.

Quais são as cartas que mais me chamam?
Quem são as bruxas que melhor me lêem?
Quais os arquétipos que mais me animam?
Quais as rainhas que tanto me guiam?
De que leituras eu mais me lembro?
Quais são os jogos que muito me assustam?
Que ferramentas eu ainda julgo?
Quais são os argumentos
que minha mente inventa
sobre acaso, destino, profecias,
premonições e pressentimentos?

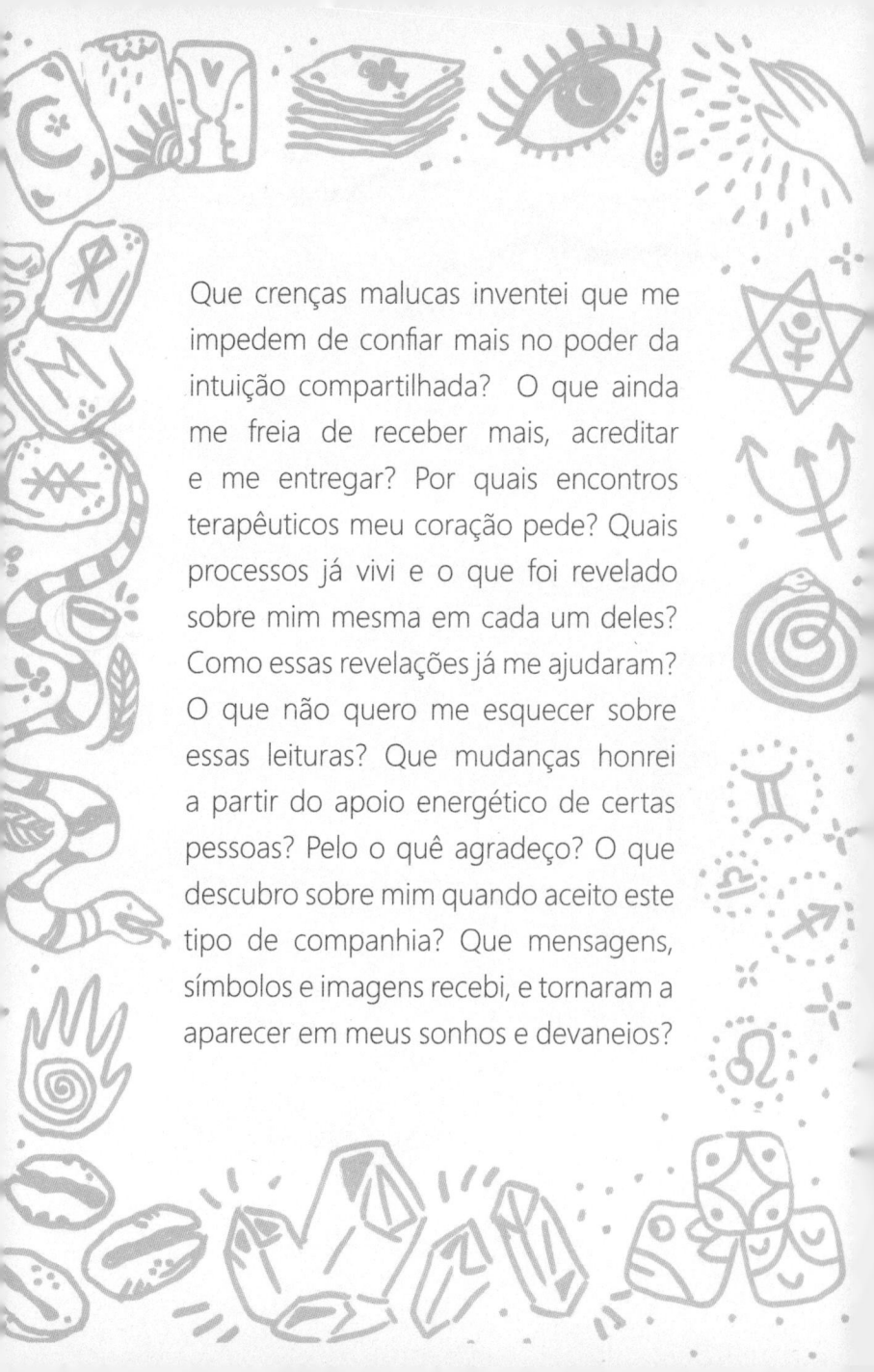

Que crenças malucas inventei que me impedem de confiar mais no poder da intuição compartilhada? O que ainda me freia de receber mais, acreditar e me entregar? Por quais encontros terapêuticos meu coração pede? Quais processos já vivi e o que foi revelado sobre mim mesma em cada um deles? Como essas revelações já me ajudaram? O que não quero me esquecer sobre essas leituras? Que mudanças honrei a partir do apoio energético de certas pessoas? Pelo o quê agradeço? O que descubro sobre mim quando aceito este tipo de companhia? Que mensagens, símbolos e imagens recebi, e tornaram a aparecer em meus sonhos e devaneios?

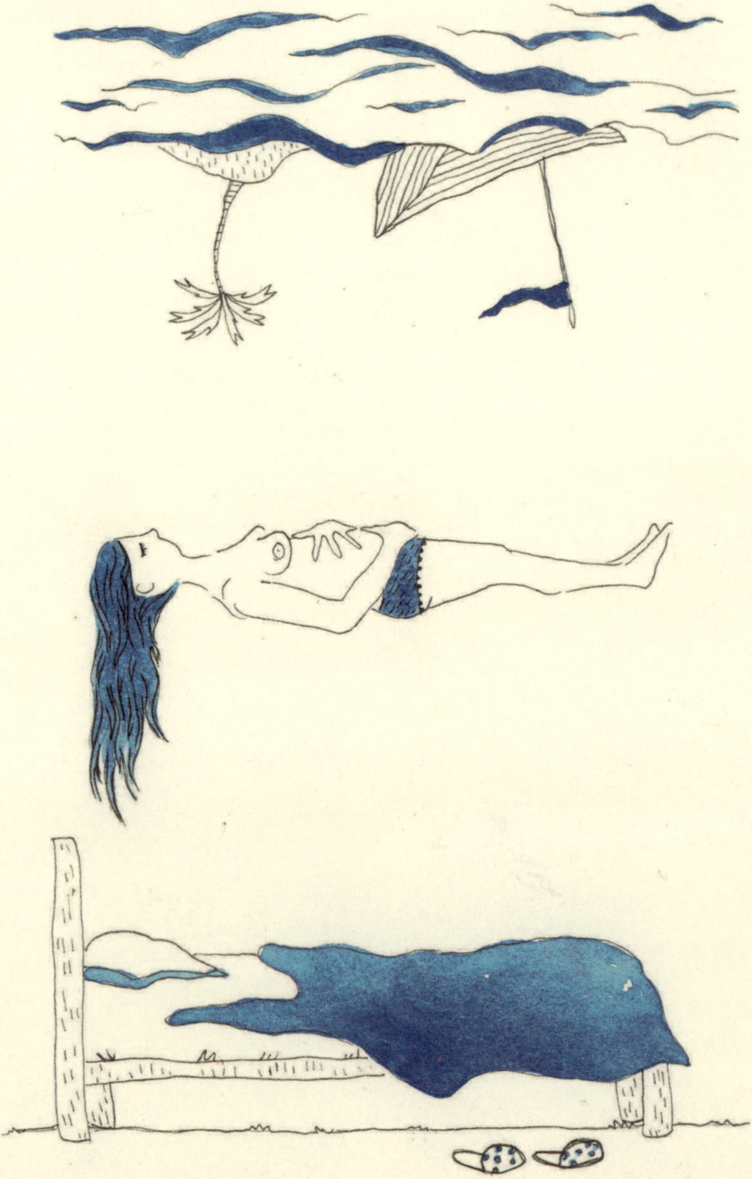

Se as mensagens dos sonhos vem do Povo das Estrelas ou do fundo do meu abismo interior, eu não sei. Tenho a sensação que esses dois poços escuros se encontram em alguma curva do espaço-tempo e combinam quais sinais, signos e símbolos eles vão me enviar cada noite. É tão fácil esquecer de manhã, porque a magia, convenhamos, adora um mistério. Mística é a moça que está sempre em busca de mais mistério para mergulhar, ainda que não solucione nenhum. Meus sonhos são como um corredor de portas, um buraco de minhoca, um atalho para o mundo que eu lá dentro quero criar. Talvez aqui em cima seja difícil de ver, de crer, mas somos absolutas criadoras de realidade lá no mundo dos sonhos (mesmo que sempre cheias de sombras e dúvidas). Às vezes eu estou num quarto cheio d'água e um bebê escorrega das minhas mãos como sabão, e esse recado me parece claro e óbvio. Às vezes eu estou escalando uma montanha, fugindo de uma inundação e na vida real, eu gozo. Vai saber o que cada imagem representa, o que cada mensagem realmente veio transmitir. Eu queria uma casa cheia de mulheres que se encontram toda manhã no gramado, para dançar seus sonhos e intuir suas significâncias. Um oráculo onírico matinal. Até lá, já entendi que ler, reconhecer, adivinhar, compreender, e até se confundir com essas mensagens faz parte da estrada, e as palavras no papel são como pedacinhos de pão deixados na trilha, para a gente não se perder na volta. *O que os seus sonhos tem te contado?*

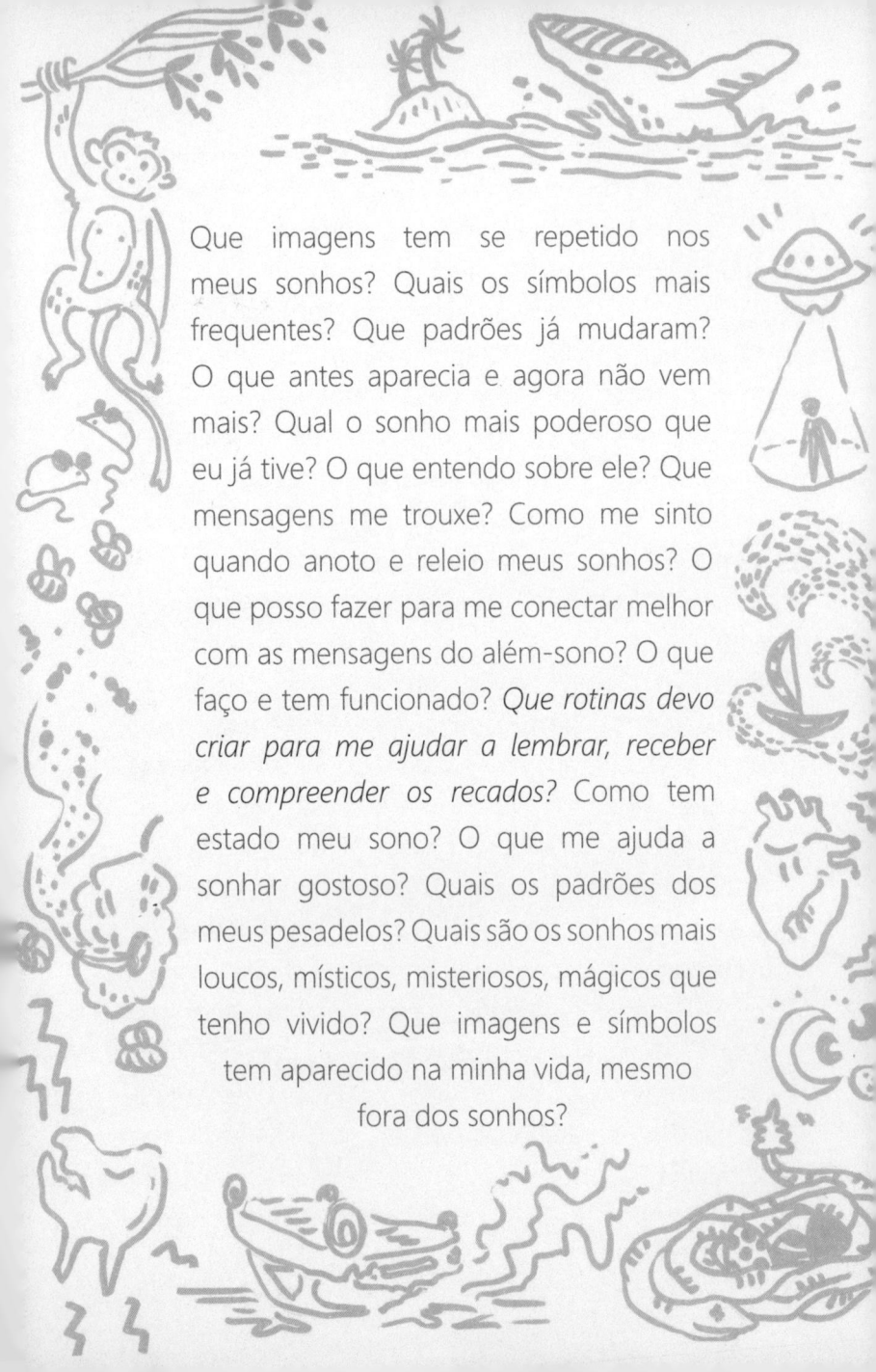

Que imagens tem se repetido nos meus sonhos? Quais os símbolos mais frequentes? Que padrões já mudaram? O que antes aparecia e agora não vem mais? Qual o sonho mais poderoso que eu já tive? O que entendo sobre ele? Que mensagens me trouxe? Como me sinto quando anoto e releio meus sonhos? O que posso fazer para me conectar melhor com as mensagens do além-sono? O que faço e tem funcionado? *Que rotinas devo criar para me ajudar a lembrar, receber e compreender os recados?* Como tem estado meu sono? O que me ajuda a sonhar gostoso? Quais os padrões dos meus pesadelos? Quais são os sonhos mais loucos, místicos, misteriosos, mágicos que tenho vivido? Que imagens e símbolos tem aparecido na minha vida, mesmo fora dos sonhos?

Qual o sonho mais poderoso que eu já tive?

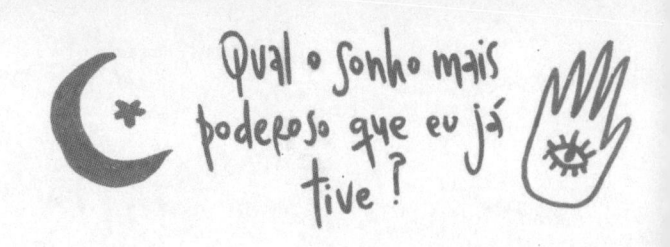

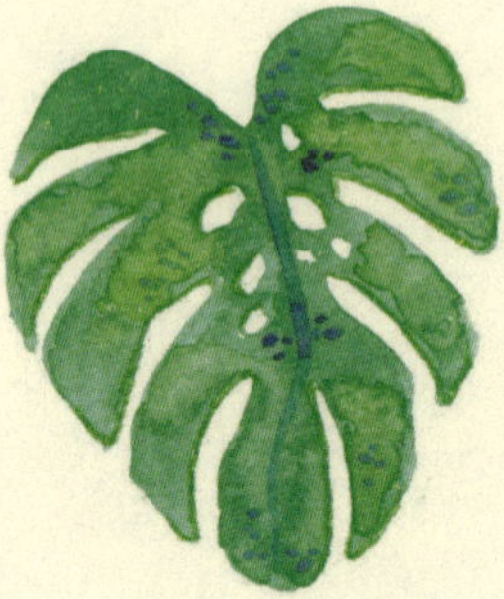

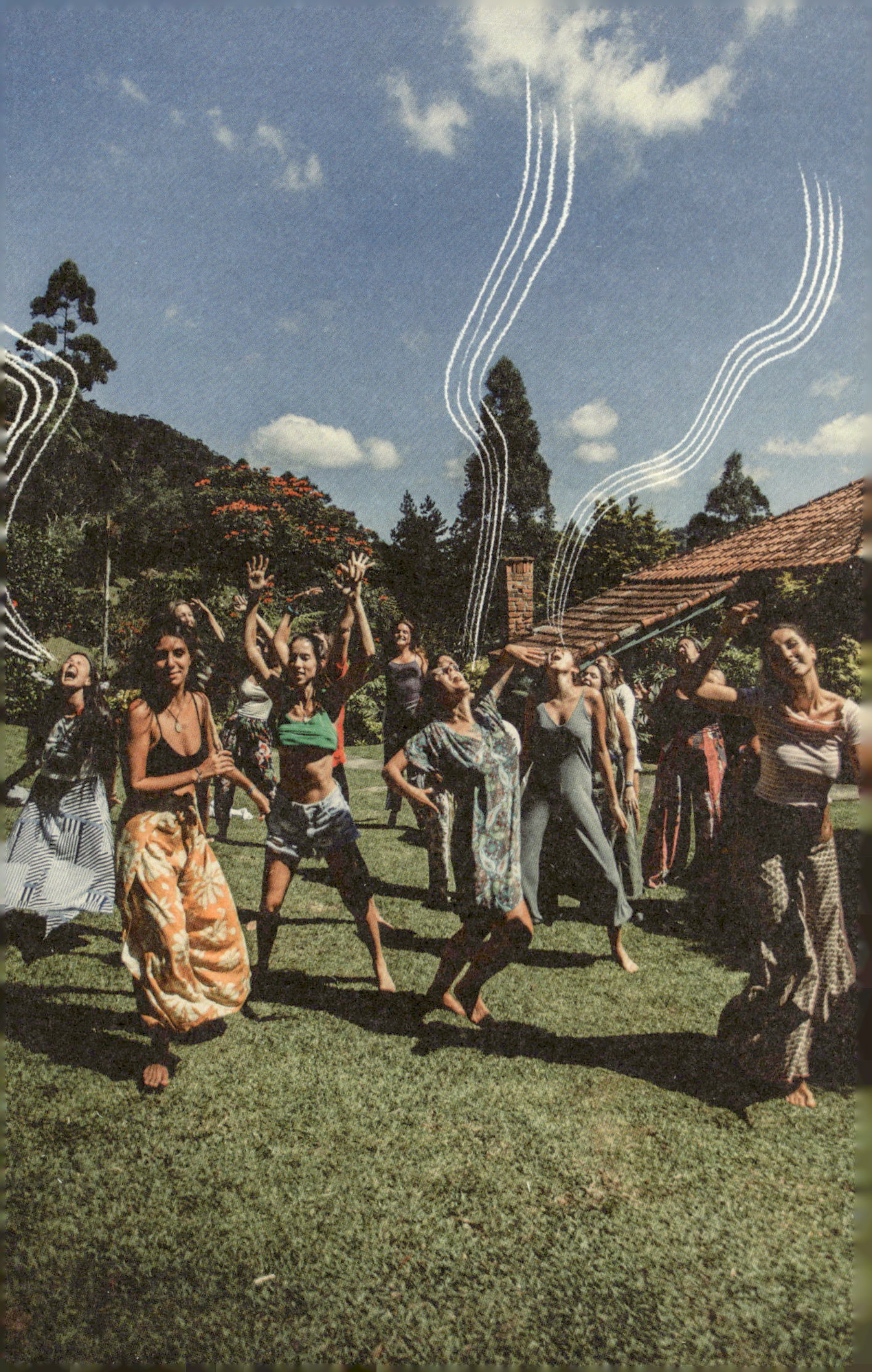

Não é um pouco inacreditável que a gente venha, direto da fábrica, com uma aparelhagem sutil feita de pele e cartilagem que vibra microscopicamente? E que a maioria de nós compreenda da mesma forma as infinitas vibrações sonoras que existem? Que a gente abra nossas bocas e os lábios, os dentes, a língua e a garganta, em ginástica coreografada, produzem uma onda invisível que viaja pelo ar até os ouvidos alheios e toda essa tecnologia é capaz de revelar palavras, discursos, canções? E risadas! Por que aceitamos tão levianamente o fato de que cantamos, contamos histórias, oramos, choramos desde que o mundo é mundo? E todas essas vibrações - que olho nenhum vê - entram não só pelos canais auditivos, mas encontram casa nos nossos peitos de maneira que determinadas músicas podem nos fazer lacrimejar ou dançar imediatamente. Se não é magia o pequeno-grande acontecimento, absolutamente mundano e natural, e também altamente complexo e irreprodutível, da nossa existência nos nossos corpos, eu não sei o que é! Todas nós já sentimos isso um dia. Essa realização momentânea de que está tudo acontecendo nesse instante embaixo da superfície, perigosamente vital. Todos os órgãos e válvulas, em "perfeita" sintonia, abrindo, fechando, bombeando, filtrando, em estado automatizado. E não daria para ser diferente. Como se vive tendo que comandar conscientemente cada respiração? Mas para quê viver levando isso tudo de maneira abstraída, arrogante, banal? A prova viva da magia está aqui a todo instante, Sangrando, Berrando, Cantando nossas loucuras.

Que movimentos corporais me trazem pro aqui-agora? Que danças meu corpo faz naturalmente? Com que danças convoco a magia para perto? Que músicas meu corpo pede quando acordo pra baixo? Para onde vou quando rodopio, quando grito, quando suspiro? Que sons me reconectam com o meu corpo e com a vida que pulsa? Para onde a música me leva quando me entrego a ela? O que sinto quando canto? Quais canções convocam minha bruxa, me trazem poder e força? Que músicas me levam pra lugares desconhecidos, daonde volto outra pessoa? Que cantigas, antigas, atuais ou inventadas, me lembram as mulheres mágicas da minha vida? Quais são os rezos que eu sempre trago quando preciso? Que rezas chamo, quando sorrio ou quando choro, em frente ao meu altar?

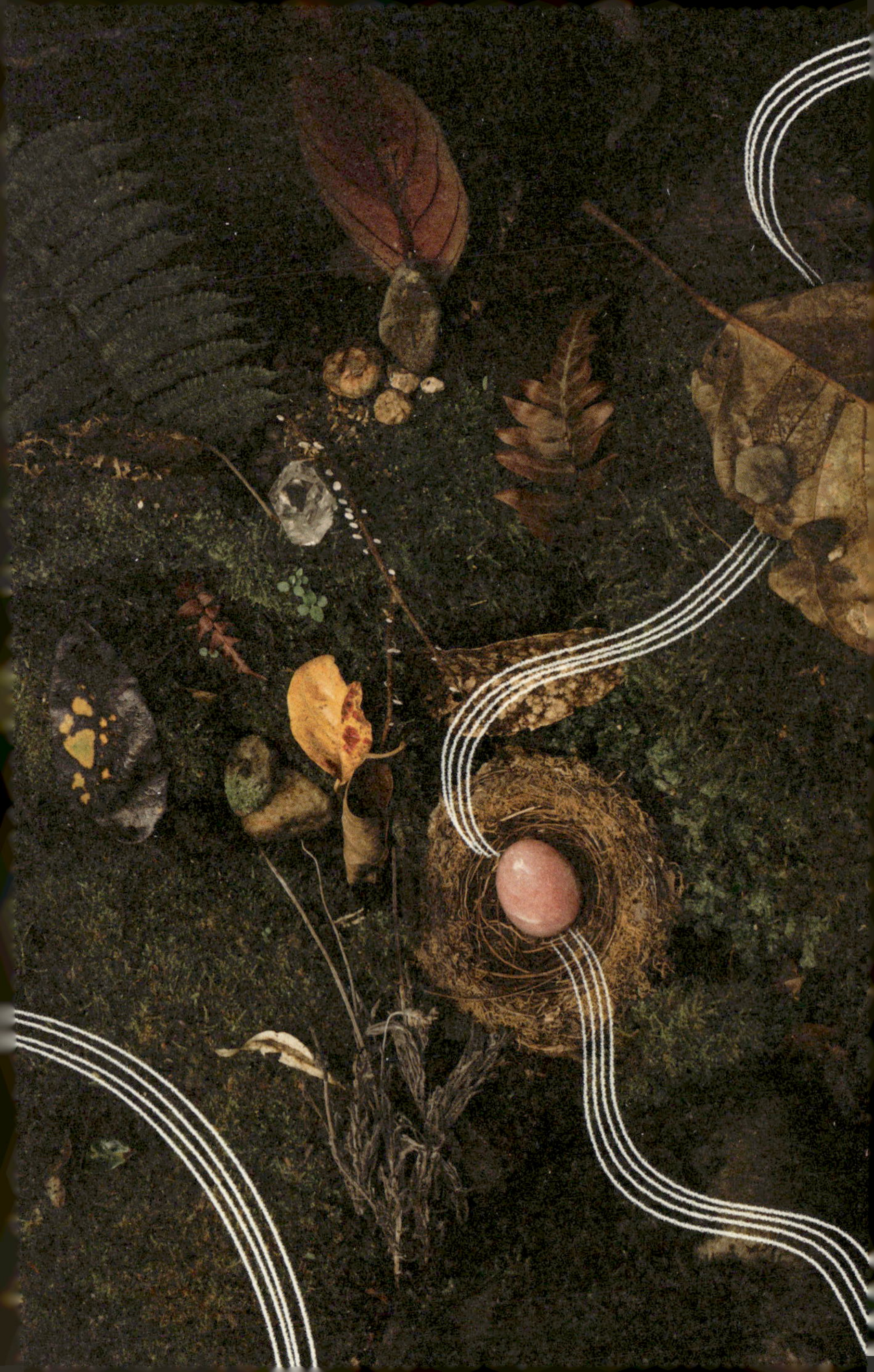

Quero honrar e eternizar essa minha floresta - altar. Digo minha, porque ela mora na beira da minha casa nova. E eu me caso com ela sempre que posso, mesmo que seja pelas beiradas. Esses dias, me encarnei selvagem e corri nua pela mata, sob a lente mística da minha amiga Helena. Foram dias de medos e entregas, belezas e nervosos, chorinhos e fé. Como tem sido mesmo o caminho de criação dessa minha *obra-prima*. Ritos óbvios e rituais escondidos, fogos de artifício e pequenas rezas de rodapé. Grandes insights que mudam tudo, e dias seguidos sem ver sentido em nada disso. Minha floresta me mostrou ontem que talvez o Tempo seja a maior magia que existe. Imagino uma velha índia de mãos enormes. No seu colo, viram amigos: o cogumelo que nasceu ontem e o cristal ancião que viu de tudo o início. No seu peito, crio uma porta de cipó entrelaçado. Na sua sacola, todas as flores, conchas e ervas de cheiro que trago para o nosso altar.
Nesse altar, entrego toda minha gratidão
À mamãe Oxum que embala minhas noites
À mamãe Terra que me acorda mais selvagem
Às irmãs de arte que me colorem os olhos
e se jogam comigo em águas geladas
e àquela filha passada que nos deu asas ousadas
Esse altar, dedico à minha cura, meu salto,
meu mergulho de todo dia, à minha vó interior
que repete: Confia, minha filha, confia...
Desse altar em diante, eu escalo mais alto,
pulo mais fundo, danço mais livre, existo mais linda,
eu ando mais junto. Contigo, com elas, com ele, comigo.

o que trago pro meu altar?

QUE ELEMENTOS, objetos e
símbolos me ajudam a
espiritualizar a matéria
e a materializar o espírito?

Até aqui
quase não mencionamos a Deusa.
Embora ela esteve o tempo inteiro por aí,
em todo canto e dobra, nossa musa magnífica
que mora no virar das páginas
Até aqui, já deve estar claro
que a Deusa pode ser e é
quem a gente quiser:
Gaia, a Mãe Terra
Sara, a Velha
Vovó cósmica
mãe Maria e Madalena, a outra
Innana, a primeira; Kali, Iansã
Deméter, Pachamama
Cleópatra, Clariana e Lilith
a própria Lua e seus cabelos de maré
O nome da mãe, da filha e da espírita santa
Aquele meu colar de ametista
a sua natureza interior
o sol atrás das nuvens
um dente de leão
a Vida que pulsa
todas essas e mais algumas.
Para tantas deusas, fora e dentro,
de todas as perguntas, basta uma:

QUAIS SÃO OS MEUS JEITINHOS DE CONVERSAR COM A DEUSA?

(E O QUE ELA TEM ME RESPONDIDO?)

A MORTE É DOA DEMAIS
PASSA NÃO SE SE
GEIRA M

A MAGIA
REAL ABRACE USE SEU
SE SUA
HIDRATE

AME A VIDA É
ITO ASSIM
MESMO
DO CONFIA
AE FILHA AGRA
DE
CONFIA ÇA

Como é a fé que me convoca?

QUE SORRISO TEM
A MINHA DEUSA?

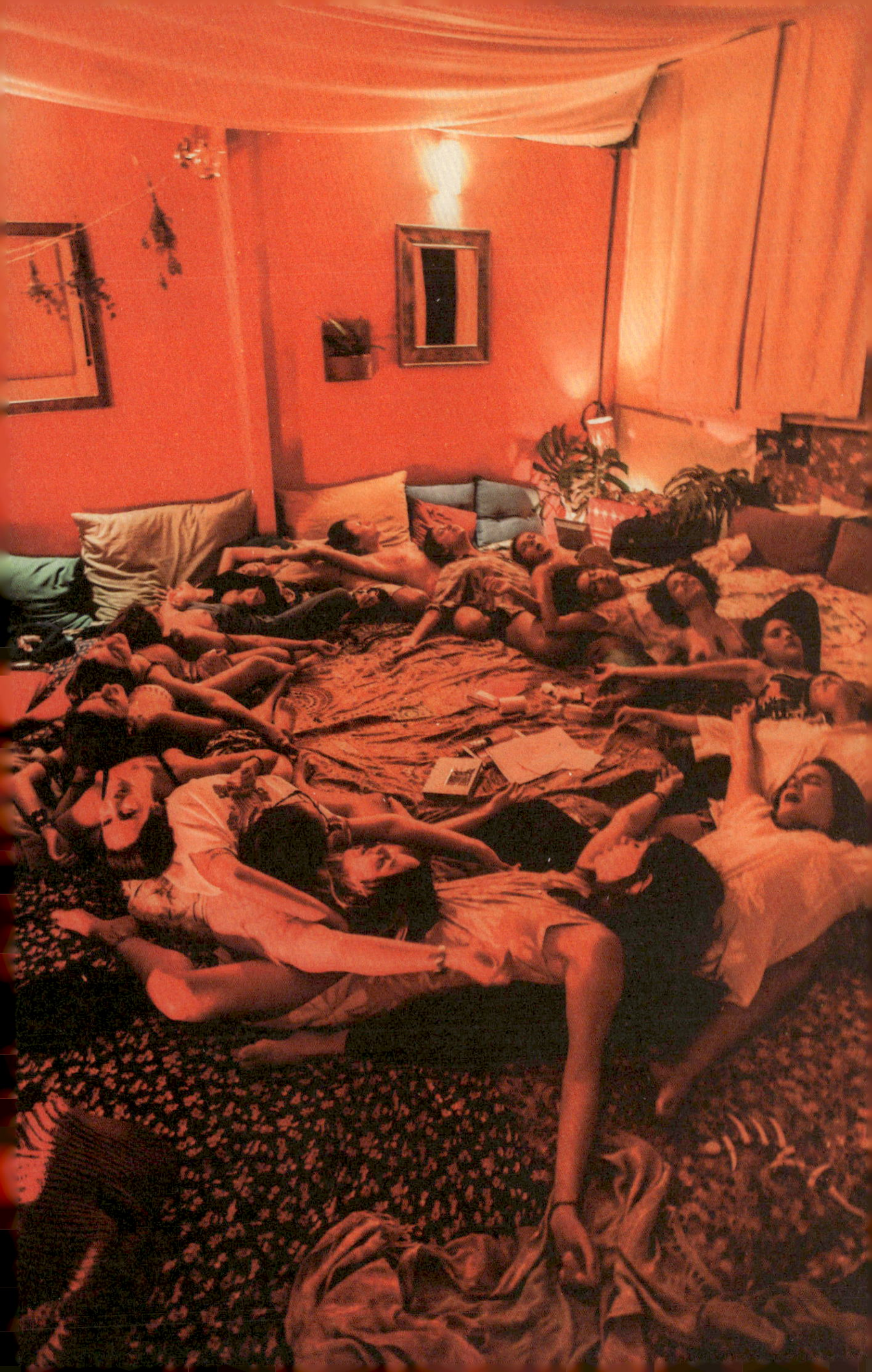

Muita mulher junta não vira bosque plantado, monocromático. Muita mulher junta cresce selva biodiversa. Difícil de comparar, fácil de competir - assim fomos treinadas. Mas estamos mudando as regras, trocando nossas sementes crioulas, fazendo mudas e enxertos umas nas outras. Mulheres que se encontram com frequência regular descobrem encaixes, sincronias, complementos. Vejo as amizades femininas como um espetáculo de dança. Cada uma com seus trejeitos, seus sotaques, histórias, visões, seus talentos e opiniões. Juntas, damos um show. De constante apoio mútuo. Ouvidos abertos, olhares atentos, braços prontos e quadris sempre disponíveis para o encontro (porque às vezes só a dança salva). Muita coisa acontece quando estamos reunidas. Nossos troncos e raízes a compartilhar. Quietas em círculo, mãos carinhosas, corações se olhando, as falas na mesma direção. Um arrebatamento de belezas. As ancestrais nos olhando satisfeitas, se manifestam, sorriem e falam através de nós. Nem cabe tanta sabedoria nas folhas do caderno. Escapa. Escorre. É muito. Muita mulher junta é uma necessidade... **UM REFLORESTAR**

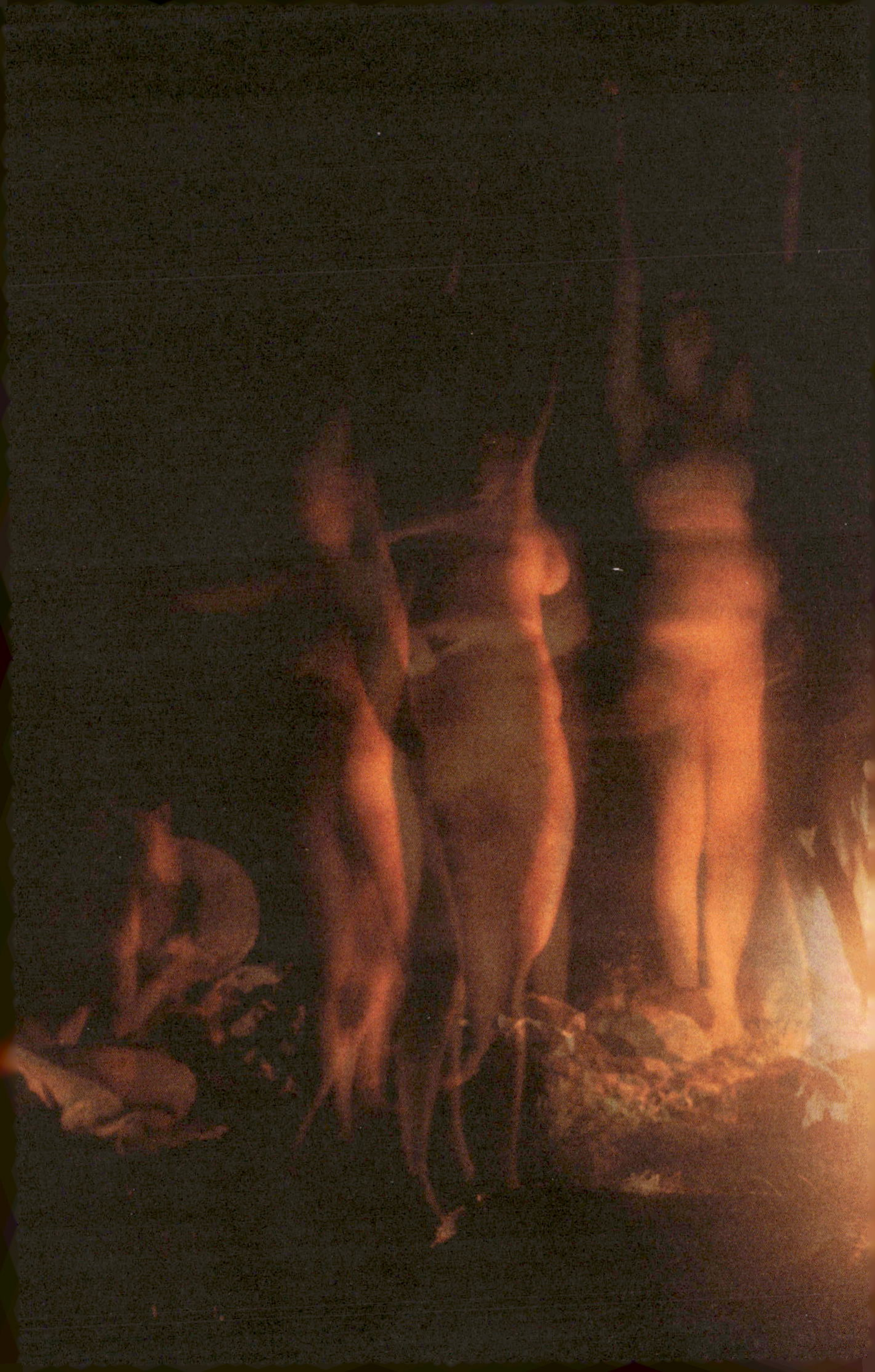

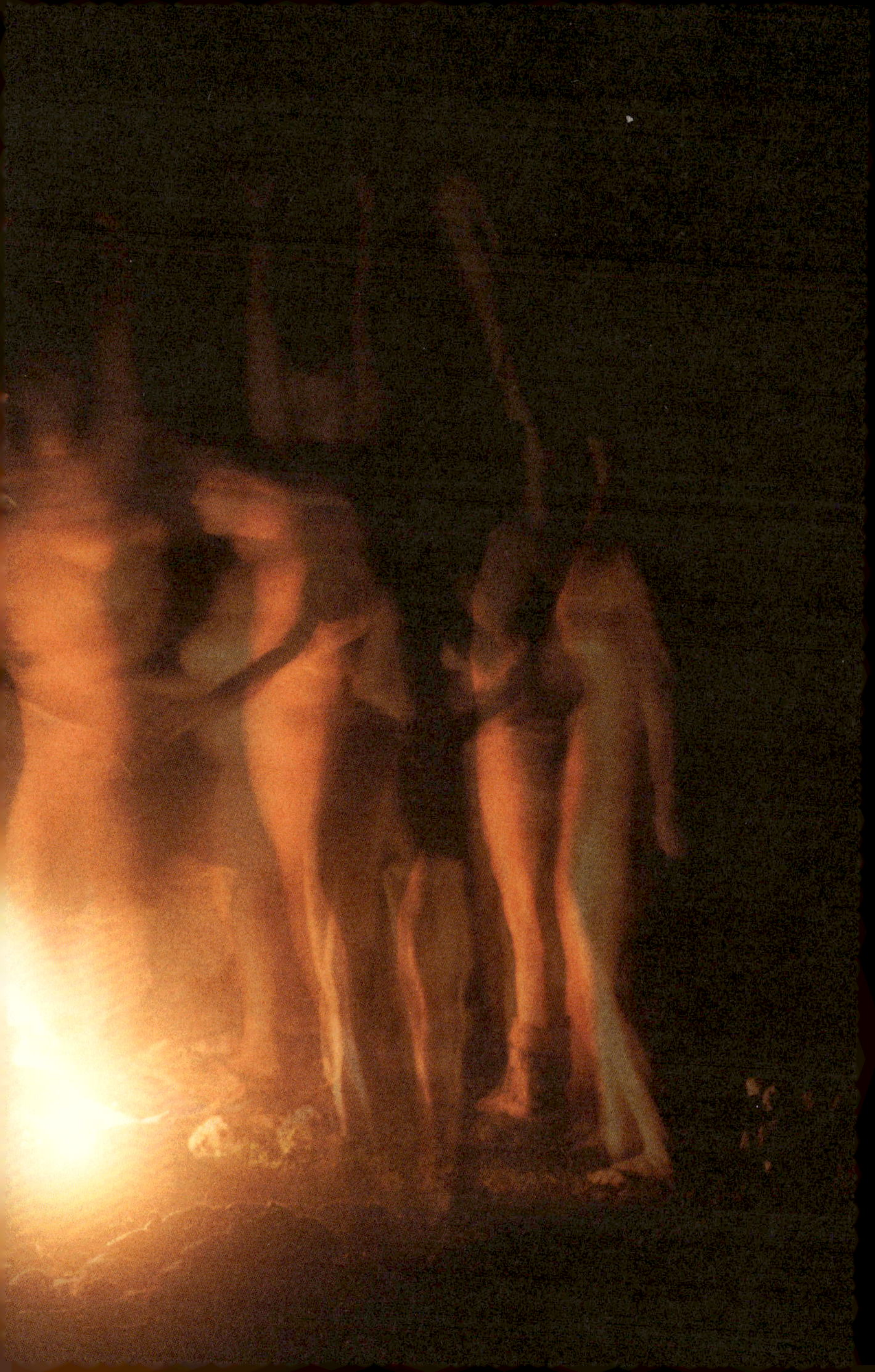

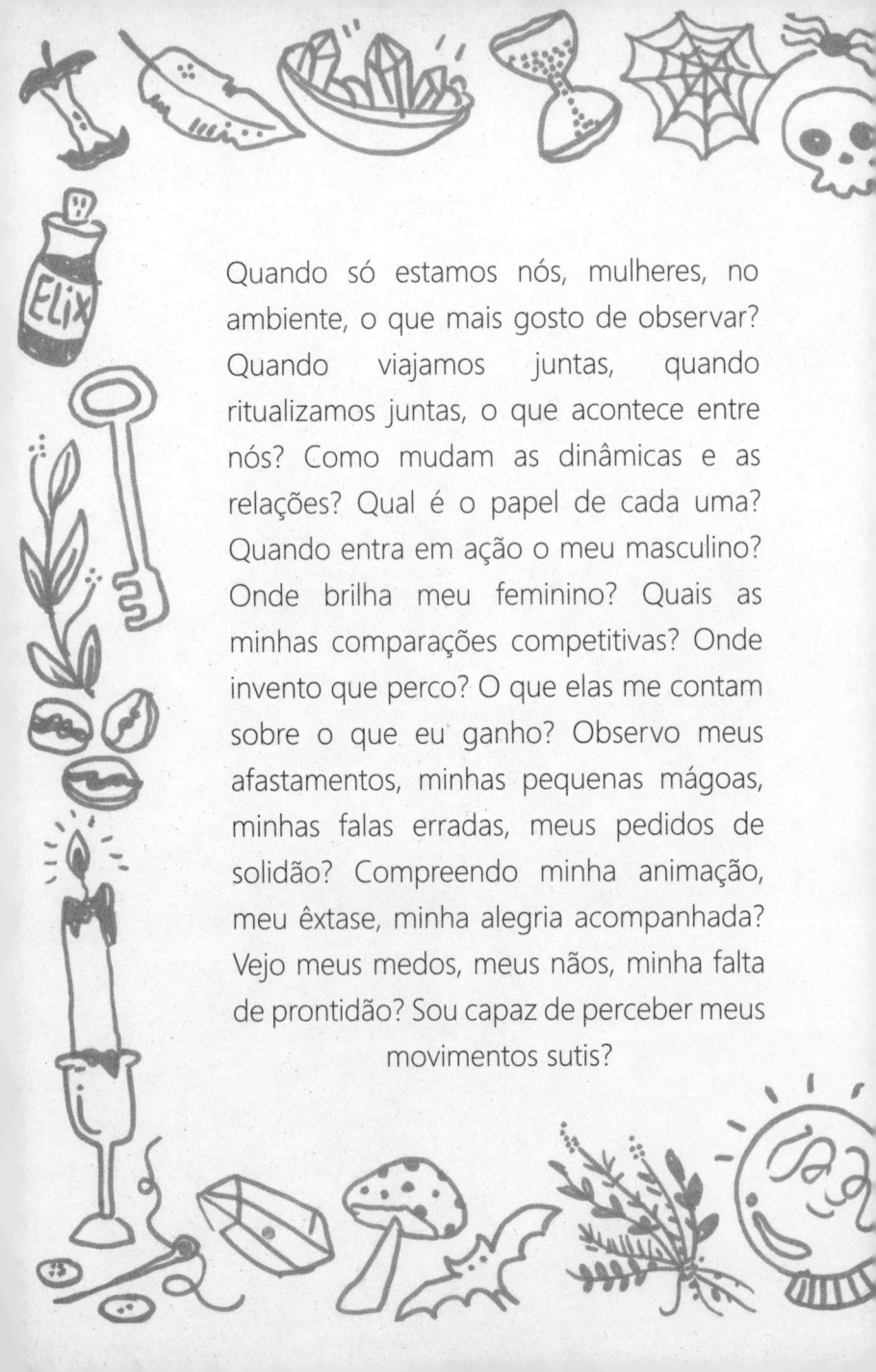

Quando só estamos nós, mulheres, no ambiente, o que mais gosto de observar? Quando viajamos juntas, quando ritualizamos juntas, o que acontece entre nós? Como mudam as dinâmicas e as relações? Qual é o papel de cada uma? Quando entra em ação o meu masculino? Onde brilha meu feminino? Quais as minhas comparações competitivas? Onde invento que perco? O que elas me contam sobre o que eu ganho? Observo meus afastamentos, minhas pequenas mágoas, minhas falas erradas, meus pedidos de solidão? Compreendo minha animação, meu êxtase, minha alegria acompanhada? Vejo meus medos, meus nãos, minha falta de prontidão? Sou capaz de perceber meus movimentos sutis?

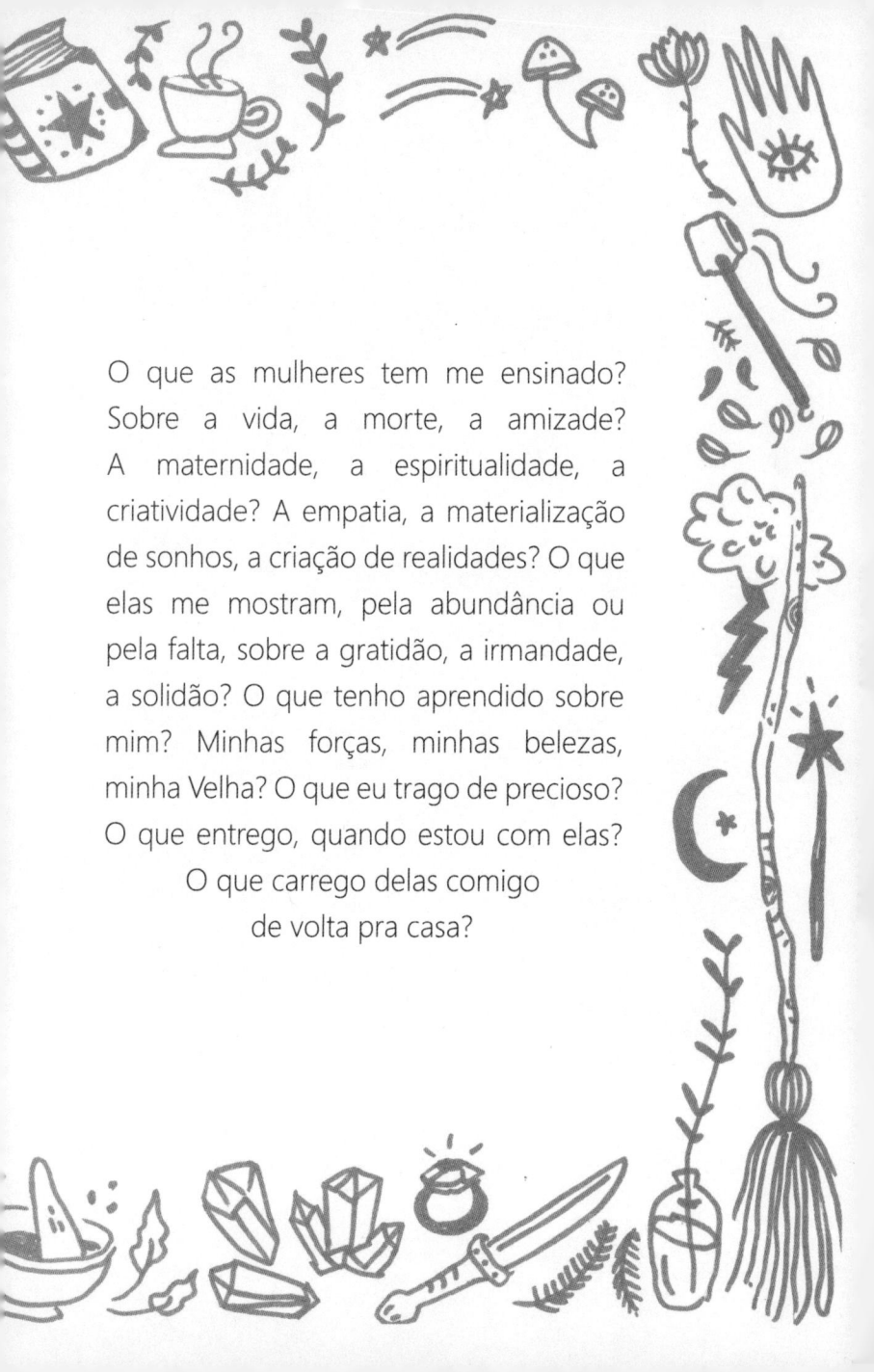

O que as mulheres tem me ensinado? Sobre a vida, a morte, a amizade? A maternidade, a espiritualidade, a criatividade? A empatia, a materialização de sonhos, a criação de realidades? O que elas me mostram, pela abundância ou pela falta, sobre a gratidão, a irmandade, a solidão? O que tenho aprendido sobre mim? Minhas forças, minhas belezas, minha Velha? O que eu trago de precioso? O que entrego, quando estou com elas?

O que carrego delas comigo de volta pra casa?

¿QUEM são as Mulheres que me mostram caminhos DOURADOS?

Caminhos molhados de lágrimas,
banhados de gozo
onde o vento atravessa as árvores
gargalhando passados
e os bichos uivam no escuro
como quem celebra um parto.

Aqui, a trilha é marcada por quem já passou.
Fitas e setas convidam direitas e esquerdas
como um jogo de espelhos, abrem aventuras.
Estou só e muito acompanhada.
Aqui, todo mundo é filha ou irmã.
Tenho tantas irmãs quanto a terra tem formigas.

Minha estrada caiu num buraco. Me espremi
mas não passei. Vou esperar anoitecer pra ficar
pequenininha e seguir minha travessia.

Tenho escolhas e não tenho, essa floresta não
aceita planos. Nem sei mesmo o que procuro.
Voltar é uma fantasia. Sempre em frente,
a luz do sol me alimenta. O prata da lua me
adorna. Por onde piso brota ouro.

Cavalgo essa mata no lombo da serpente.
Quem me chamou foi ela.
Em breve vamos trocar de pele, ela me diz.
Me ofertou muitos frutos.
Aceitei todos.

Obrigada Anahí, filhota de fogo,
por me lembrar quem eu vim ser

Eu sei. Foram muitas perguntas. Sobre muitos assuntos. E são tantos mais assuntos, temas e questões que ligam cada uma de nós à espiritualidade particular e à magia pessoal. Cada vivência nossa abre novos múltiplos caminhos. Os livros que nos inspiram, as pessoas que nos ensinam, os círculos que nos reviram de dentro pra fora. Os zooms. Sei que existem filas e filas de palavras bonitas e lembranças difíceis e dores legítimas morando aí dentro. Sei que você tem uma espécie de bíblia guardada, com medo de sair, mas querendo mesmo assim. Cada uma de nós tem a sua. E essas páginas em branco não são e nunca serão o suficiente pro desagüe. Mas que sejam um começo. Uma retomada. O primeiro pássaro da revoada. Eu não tenho a pretensão de conhecer os sonhos, as canções, os contos, os segredos e também as belíssimas banalidades que vocês vão pintar nas suas páginas em branco. Eu só estou aqui *obedientemente* mostrando as minhas.

Eu só vim aqui porque fui chamada.

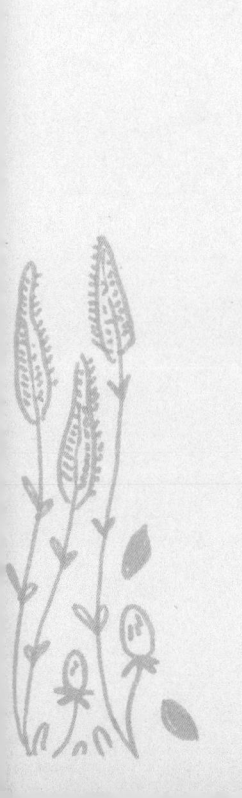

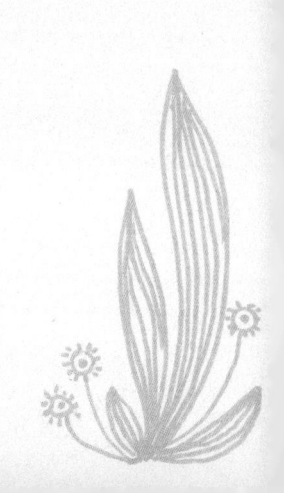

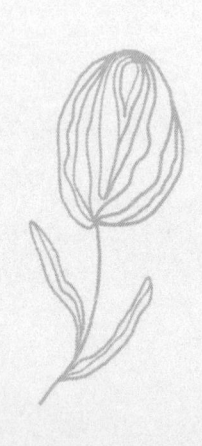

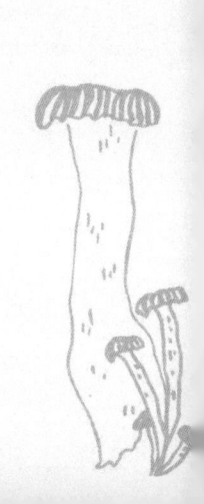

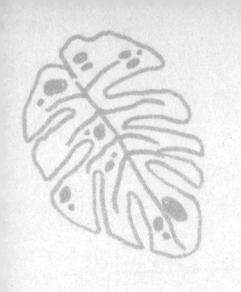

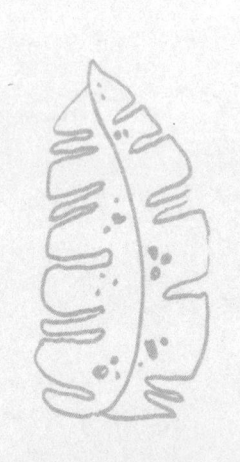

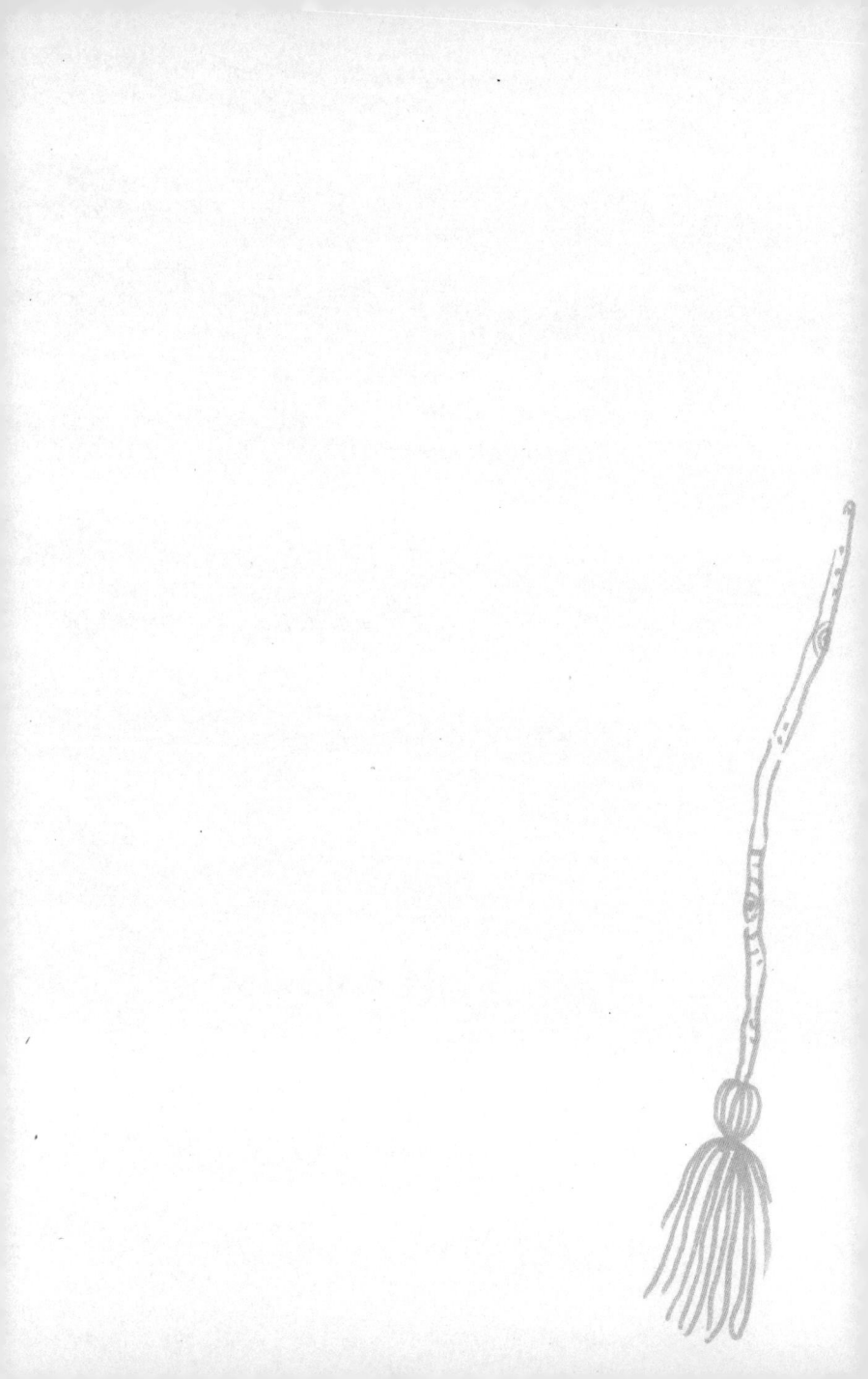

Este diário foi concebido,
escrito e ilustrado por
Marina Dandelion Nicolaiewsky

....

Artistas convidadas

Helena Cooper
Fotos: poço de cristal, a mulher e sua mata, batom de sangue,
a submersão, o mergulho na morte, ritual de autocuidado,
mulheronça, florestaltar, conversa com a deusa, círculos de fogo*

Paola Alfamor
Fotos: belezas no gramado*, mulheres em roda*,
filhota de fogo*

*Registros da CONCHA - Imersiva
Uma Experiência Utópica | Um Mergulho na Natureza Feminina
por Nathália Lima Verde
Produção: Didi Guerreiro e Thaís Lima Verde
em Setembro 2018 e Abril 2019

Edzita SigoViva
Feitura da útera pano-rezo e texto Útero escuta útero
Foto útera pano-rezo: Yulli Nakamura
Poesia Minhas ancestrais gozaram

Laura Morgado
Ilustração Mãe tigresa

Paula Durso
Pachamama em argila e natureza

Nathália Lima Verde
Texto A bênção das amigas

Júlia Portes
Texto Os rituais de hoje

Isabelle Borges
Revisão textual e poética

CADERNICOS
porque se conhecer pode ser divertido

Para conhecer
minhas outras crias:
www.cadernicos.com
@cadernicos
@marinanicolaiewsky

Quer organizar uma vivência do
Diário da Bruxa na sua cidade?
Entre em contato
cadernicos@gmail.com

2a edição
Impresso em papel pólen bold 90gr
pela Gráfica Rocha
Junho 2021